写给孩子的山海经

鱼鸟篇

竹马书坊◎著

民主与建设出版社

图书在版编目（CIP）数据

写给孩子的山海经 . 鱼鸟篇 / 竹马书坊著 . — 北京：
民主与建设出版社，2017.7

ISBN 978-7-5139-1468-0

Ⅰ . ①写… Ⅱ . ①竹… Ⅲ . ①历史地理 – 中国 – 古代
– 少儿读物 Ⅳ . ①K928.631-49

中国版本图书馆 CIP 数据核字（2017）第 064630 号

写给孩子的山海经 . 鱼鸟篇
XIEGEI HAIZI DE SHANHAIJING YUNIAO PIAN

出 版 人	许久文
著　　者	竹马书坊
责任编辑	郎培培
装帧设计	润和佳艺
出版发行	民主与建设出版社有限责任公司
电　　话	（010）59417747　59419778
社　　址	北京市海淀区西三环中路 10 号望海楼 E 座 7 层
邮　　编	100142
印　　刷	天宇万达印刷有限公司
版　　次	2017 年 7 月第 1 版　2019 年 10 月第 4 次印刷
开　　本	880mm×1230mm　1/32
印　　张	8
字　　数	104 千字
书　　号	ISBN 978-7-5139-1468-0
定　　价	38.00 元

注：如有印、装质量问题，请与出版社联系。

前言

关于宇宙以及天地的形成，古人是这样描写的：

天地混沌如鸡子，盘古生其中，万八千岁，天地开辟，阳清为天，阴浊为地……

于是，天地开辟之后，女娲就创造了人类。

那么，人类出现之后，在上古时期又出现了哪些生物？发生了哪些故事呢？

《山海经》是一部具有百科全书性质的上古奇书，内容无所不包，历史、神话、传说、民俗、地理、动物、植物、矿产、医药等无不涉及。假如要了解中国的上古时代都有哪些动物，有哪些奇鱼怪鸟，那么来读一读《山海经》吧。

《山海经》里关于鸟和鱼的记载，描写得绘声绘色。在这些鱼和鸟里边，有地位很高的神兽，比如披着五彩羽毛的凤凰；也有形状像一般的鹤，但只有一只脚，红色斑纹和青色身子而有一张白嘴巴的毕方；还有"状如狸"的龙鱼等。

这些水里游的、天上飞的动物，大多具有很特别的功效。比如，旋龟的壳做成首饰佩戴在身上，可以耳不聋；比如，佩戴灌灌鸟的羽毛就不会被迷惑。甚至有些动物还会招灾引祸，比如，长着一副人脸、四只眼的颙，竟然是大旱的象征；形貌像一般的野鸭子，却只长了一只翅膀和一只眼睛的比翼鸟，竟然是水灾的象征。

《山海经》中记载的这些形态、脾性、功能各异的鱼和鸟，由于描述得如此栩栩如生，以至于让我们不得不怀疑：难道真有那么一个多姿多彩的世界，真实存在着这些稀奇古怪的动物？

图是《山海经》的灵魂，据说《山海经》是先有图后有文的。曾经有不少名家为《山海经》配过图，比如南朝的张僧繇就画过《山海经图》。但这些图已经佚失，不复得见。目前所能见到的《山海经》的配图，多由明、清时期的画家所绘。本书中引用的图片，出自以下几个版本。

明代胡文焕《新刻山海经附新刻山海经图》，书中简称明·胡文焕图本；明代蒋应镐《山海经（图绘全像）》，简称明·蒋应镐绘图本；清代吴任臣《增补绘像山海经广注》，简称清·吴任臣图本；清代汪绂《山海经存》，简称清·汪绂山海经存本；清代毕沅《山海经》图注原本，简称清·毕沅图注原本；清代郝懿行《山海经笺疏》，简称清·郝懿行图本；清代画家萧云从的《离骚图》，简称清·萧云从离骚图；清代郭璞等合著的《尔雅音图》，书中简称清·尔雅音图；清代吴任臣注、四川成或因绘图的《山海经绘图广注》，简称清·四川成或因绘图本；上海锦章图书局于民国八年出版的《山海经》图说，简称上海锦章图本；日本江户时代的《怪奇鸟兽图卷》，简称日本图本。此外清代《钦定古今图书集成·博物汇编·禽虫典》中的异禽、异兽图，书中简称清·禽虫典。

至于本书中的介绍文字，每一篇都是在广泛参阅古今资料，并且取其精华、博采众长的基础上编写而成的。由于笔者水平所限，书中难免会有疏漏及不当之处，欢迎广大读者批评指正。

目录

旋龟——大禹坐骑

《南山经》 其中多玄鱼，其状如龟而鸟首虺[1]尾，其名曰旋龟，其音如判木[2]，佩之不聋，可以为底[3]。

《中山经》 豪水出焉，而南流注于洛，其中多旋龟，其状鸟首而鳖（biē）尾，其音如判木。

【图一】清·萧云从离骚图

注释：

① 虺（huǐ）：古代传说中龙的一种。

② 判木：剖开木头。

③ 底：指足底的老茧。

旋龟的传说

《山海经》中，有两座山是有旋龟生活的，一是在南山的杻（niǔ）阳山，这里的旋龟长着鸟的脑袋、龙的尾巴；另一处是在中山的密山，是鸟首而鳖尾。由外形来看，这两处的旋龟并没有太大区别，应该是同一种生物。旋龟有一个特点，就是它的叫声很难听，就像剖开木头的声音。古人将旋龟的龟壳做成小饰品，佩戴在身上，可以耳不聋，还可以治疗足底的老茧。

旋龟的种群中有一只大名鼎鼎，曾经做过大禹治水的重要帮手，也是大禹的坐骑。相传在尧时期，大地上洪水泛滥。天上有个神叫作鲧（gǔn），看见凡间的百姓苦于洪水侵害，就去偷天帝的宝贝息壤来治水，后来被天帝发现并且处死了。鲧的儿子大禹继承了他的遗志，还要治水。天帝看事不可违，而且凡间的百姓确实很困苦，就同意了让大禹去治水，还直接把息壤赐给他。

大禹治水的时候，有两个好帮手，一是应龙，在前面用尾巴划大地，指引大禹沿着它所划的地方开凿水道，将洪水引入大海；另一个就是旋龟，背上驮着息壤，跟在大禹身后，以便大禹能随时把一小块一小块的息壤取来投向大地。息壤落到地面后迅速生长，很快就把恣肆的洪水填平了。据说息壤是非常沉重的，只有这只力大无穷的旋龟才能将其驮起。

旋龜

【图二】清·汪绂山海经存本

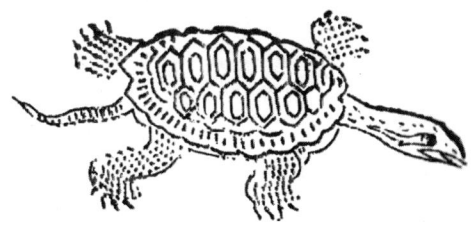

【图三】明·胡文焕图本

003

旋龜
伏如龜
而鳥首
虺尾
英水

鳥首虺尾
其名旋龜

【图四】上海锦章图本

【图五】明·蒋应镐绘图本

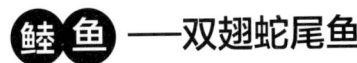鲑鱼——双翅蛇尾鱼

《南山经》 有鱼焉,其状如牛,陵居,蛇尾有翼,其羽在鮔下①,其音如留牛②,其名曰鲑(lù),冬死而夏生,食之无肿疾。

【图一】明·蒋应镐绘图本

注释:

① 鮔(qū)下:指腋下肋上部分。

② 留牛:即犁牛。传说中一种外形像牛,却长着虎纹的异兽。

鲑鱼的传说

从杻阳山再往东三百里，就来到了柢（dī）山。柢山山间有很多条溪流，却没有花草树木。柢山有一种鱼，形状像牛，栖息在山坡上，长着蛇一样的尾巴，肋骨上长着翅膀，鸣叫的声音像犁牛，名称是鲑，冬天蛰伏而夏天复苏，吃了它的肉，人就不会患痈（yōng）肿疾病。

根据《山海经》的记载，有人分析，"鲑"根本就不是鱼，而是穿山甲。穿山甲全身长满鳞片，跟鲤鱼的鳞片很相似，又住在洞穴里，因此又被叫作陵鲤、石陵鲤，所以上古时期的人把它归入鱼的种类中，这里便说它是鱼。

穿山甲是四足动物，说它像牛也可以，因为人们会用自己比较熟悉的动物来描述另一种动物；穿山甲有一条长满鳞片的细长尾巴，很像是蛇尾；穿山甲是比较低级的哺乳动物，与鸭嘴兽、食蚁兽颇近，冬天休眠，夏天出来活动，有冬眠的习性；穿山甲居住在南方山陵地区，与《山海经》的记载也相符；穿山甲鳞片可入药，性微寒，味咸，有通经络、消痈肿之功能，与所记"食之无肿疾"合。由此看来，鲑鱼应该就是穿山甲。

【图二】清·吴任臣图本

鲛鱼，状如牛鳞腹枕，尾有翼其羽在结下出抵山

魚號曰鲛
處不在水
殿狀如牛
鳥翼蚖尾
隨時隱見
倚乎生死

【图三】上海锦章图本

【图四】明·胡文焕图本

【图五】清·汪绂山海经存本

鹝鸺——三头鸟

《南山经》 　有鸟焉，其状如鸡而三首、六目、六足、三翼，其名曰鹝
鸺（chǎng fū），食之无卧[①]。

【图一】清·四川成或因绘图本

注释：

① 无卧：很少睡眠。

鹠鸰的传说

基山中有一种怪鸟，长相像鸡，却有三个头、六只眼睛、六只脚、三个翅膀，由于三个头经常意见不统一，所以常常会打架，以至于把身体打得遍体鳞伤，有的时候甚至会杀死自己。因为只要有一个脑袋死了，鹠鸰就不能活下去了。传说，人吃了鹠鸰的肉，就能吸收它的灵力，从此可以不必闭上眼睛睡觉了。据说古时候的富人都会买这种鸟给自己的雇工吃，这样就可以让他们不知疲劳地干活，而很少休息。

基山上除了鹠鸰之外，还有一种动物叫作猼訑（bó yí）。猼訑长得也是奇形怪状的，看起来像羊，却长着九条尾巴和四只耳朵，眼睛长在背上。

根据基山上的这两种代表生物的外形来猜测，基山上很可能有类似核辐射之类的东西。因为鹠鸰和猼訑都"变形"得很严重，基因突变的后遗症很明显。既然它们不是传说中神通广大的神兽，还长成这个样子，变异的可能性就很大。

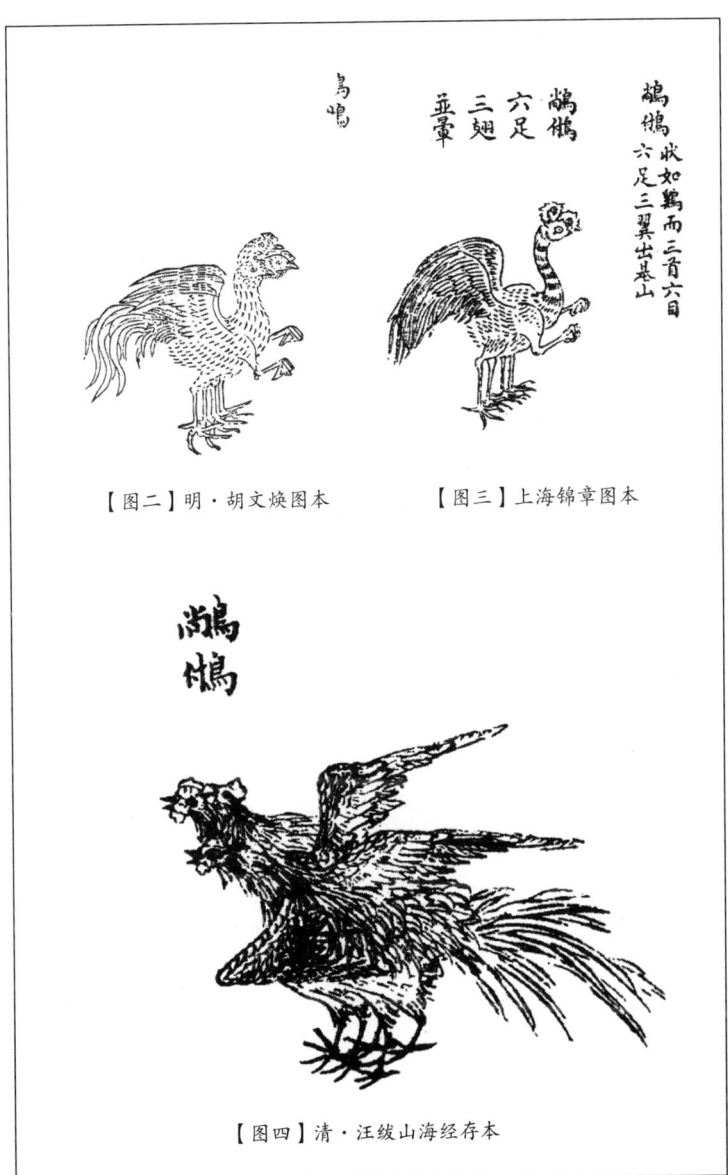

鶬鴠狀如鷄而三首六目
鶬鴠六足三翼出基山

鶬鴠
六足
三翅
亚單

鳥鴠

【图二】明·胡文煥图本　　　【图三】上海锦章图本

鶬鴠

【图四】清·汪绂山海经存本

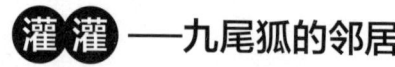 **灌灌——九尾狐的邻居**

《南山经》　　有鸟焉，其状如鸠（jiū），其音若呵，名曰灌（huò）灌，佩之不惑。

【图一】明·蒋应镐绘图本

【图二】清·四川成或因绘图本

灌灌的传说

从基山再往东走三百里，就来到了青丘山。青丘山除了有大名鼎鼎的九尾狐之外，还有一种灌灌和九尾狐在一起生活。灌灌的样子像斑鸠，啼叫的声音如同人在互相斥骂，据说它的肉很好吃，尤其是烤熟之后味道十分鲜美。还有一种说法，说把灌灌的羽毛插在身上就不会被迷惑。

为什么佩戴灌灌的羽毛可以不受蛊惑呢？原因是这样的：灌灌是与九尾狐生活在同一座山上的，做了多年邻居也没被九尾狐灭绝，所以应该是进化出抵御九尾狐的本领了。九尾狐最厉害的本领就是蛊惑人，灌灌只有具备抵御蛊惑的本领，才能与九尾狐共存。由于九尾狐的肉具有解毒驱邪的作用，因此人类会冒险去杀它，而这个过程中，灌灌羽毛能够对抗蛊惑的功能，对成功捕获九尾狐起了很大作用。

灌灌虽然能克制九尾狐，但绝对实力是不能与九尾狐相匹敌的。九尾狐是一种吃人的异兽，还是一种瑞兽，与玉兔、金蟾（chán）、三足乌等并列，曾经是大禹的媒人，帮助大禹娶妻。但是九尾狐的邻居灌灌只是人类的一种食物，是一种人们吃完之后还将它的羽毛插在身上，用来解毒辟邪的可怜鸟儿。人们顶多在吃完之后称赞一句"味道不错！"

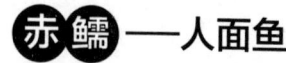

赤鱬——人面鱼

《南山经》 其中多赤鱬（rú），其状如鱼而人面，其音如鸳鸯，食之不疥[①]。

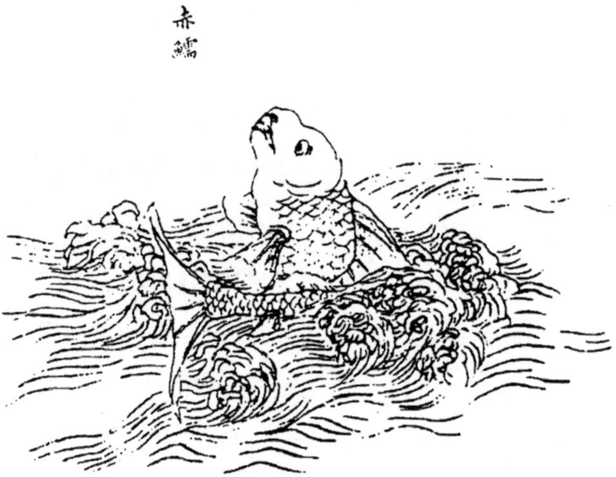

【图一】清·汪绂山海经存本

注释：

① 疥（jiè）：这里指生疥疮。

赤鱬的传说

青丘山还是英水的发源地。英水从这里流淌向南方，一直汇入即翼泽。据说英水里有很多赤鱬，形状像普通的鱼，却有一副人的面孔，发出的声音如同鸳鸯在叫，吃了它的肉就能使人不生疥疮。

赤鱬在中国的神话里是一种很普通的异兽，但后来它漂洋过海到了日本，却成了一种神兽，据说吃了它的肉可以长生不老。不但如此，赤鱬的鳞还是日本阴阳师制作石碑护身符的常见原料。

阴阳师是日本神道教的占卜师，也是幻术师。公元十世纪的时候，有一个叫作安倍晴明的人，是日本当时最有名的阴阳师。至今还有很多关于他的传奇故事被传颂。与赤鱬一同生活在青丘山的九尾狐，在商朝末年的时候诱惑纣王做坏事，后来被人一路追杀，就跑到日本去了。在日本它又重操旧业，准备蛊惑君王，结果被安倍晴明认了出来并杀死。因此有可能九尾狐偷渡到日本的时候，把自己的邻居也带去了，由于初到异乡很寂寞，就教给老邻居赤鱬一些本领，使它在日本成了神兽。

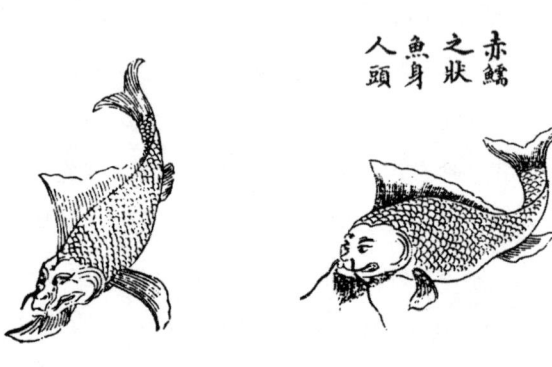

赤鱬
之狀
魚身
人頭

赤鱬狀如魚而人
面出英水

【图二】清·吴任臣图本　　【图三】上海锦章图本

【图四】明·蒋应镐绘图本

瞿如——白首三足人面鸟

《南山经》　　　有鸟焉，其状如鵁[①]，而白首、三足、人面，其名曰瞿

（qú）如，其鸣自号也。

【图一】日本图本

注释：

① 鵁（jiāo）：一种水鸟，嘴长，脚高，脚长在接近尾巴的部位，样子
像鸭。

瞿如的传说

祷过山，山上盛产金属矿石和玉石，山下有好多叫作犀的野兽，形体像水牛，周身黑色，头像猪，脚似象，只长了三只蹄子，但体态健壮，喜欢吃荆棘刺草，因此口唇常常鲜血直流。祷过山上还栖息着一种禽鸟，其形状像鸡，却长着白色的脑袋，三只脚（这一点和犀一样。每座山上一起生活的异禽，不是具有相同的特点，就是具有相反的特点），人一样的脸，名称是瞿如，它的鸣叫声如同呼唤自己的名字。

人面鸟身的形象无疑很恐怖，但也有美丽的人面鸟，比如希腊神话中人面鸟身的海妖塞壬（rén），就生得妖艳美丽，歌声动听诱人。塞壬用歌声诱惑路过的航海者使船触礁（jiāo）沉没，船员都成了它的腹中餐。人面鸟身的也可以是大神，比如黄帝之子禺京也是人面鸟身，是风神、北海之神，两耳挂两条青蛇，脚踏两条赤蛇，为颛顼（zhuān xū）管理北方天空；还有人面鸟身的木神句芒，是少昊的后裔、伏羲（xī）的大臣，管理着扶桑树；还有人面鸟身而九首的神鸟九凤等。因此推测，瞿如的来历是很不凡的，有可能是这些大神的后裔，只不过血脉稀疏，没有什么神通，成了一种长相怪异的普通鸟类。

【图二】清·禽虫典

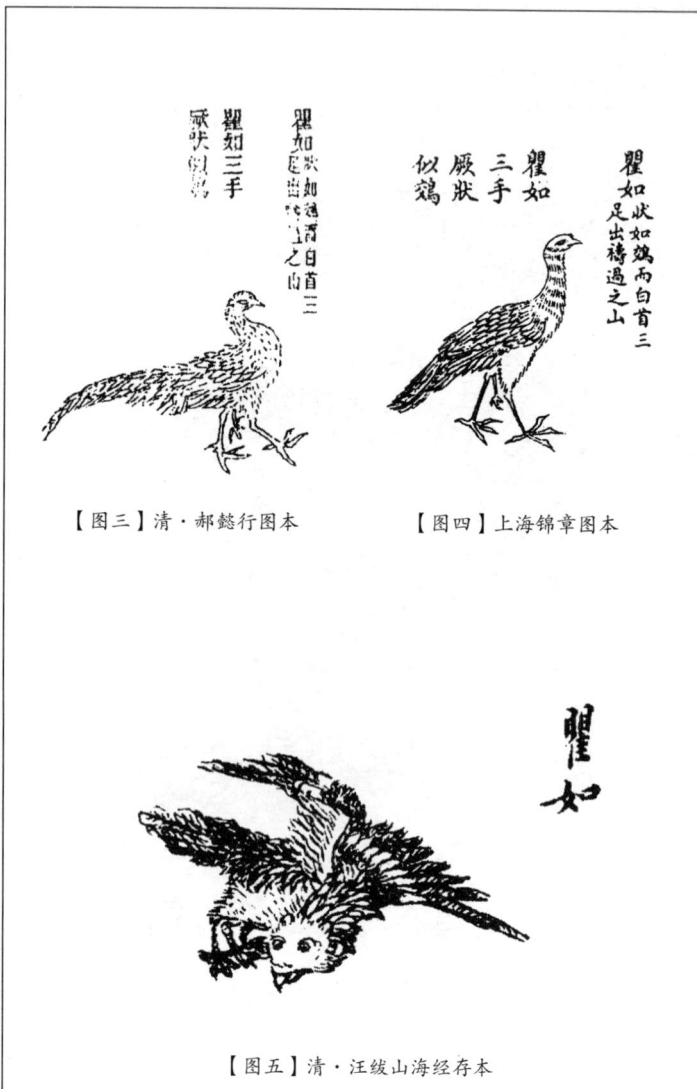

瞿如状如鵁而白首三
足出禱過之山

瞿如状如鵁而白首三
足出禱過之山

瞿如
三手
厥状
似鵁

瞿如状如鵁而白首三
足出禱過之山

瞿如
三手
厥状
似鵁

【图三】清·郝懿行图本　　　　【图四】上海锦章图本

瞿
如

【图五】清·汪绂山海经存本

020

虎蛟——猪婆龙

《南山经》 　　其中有虎蛟（jiāo），其状鱼身而蛇尾，其音如鸳鸯，食者不肿，可以已痔（zhì）。

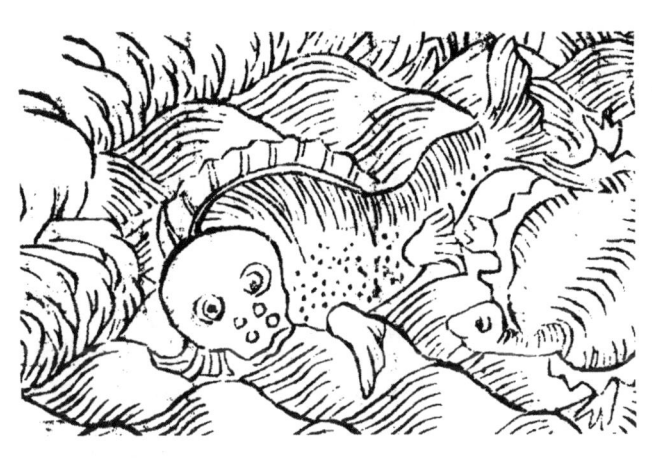

【图一】清·四川成或因绘图本

虎蛟的传说

浥（yín）水中有一种叫虎蛟的动物，身子像普通的鱼，后面却拖着一条蛇一样的尾巴，其叫声和鸳鸯的声音很像，吃了它的肉就能使人不生痈肿疾病，还可以治愈痔疮。

有一种说法，认为虎蛟其实就是猪婆龙。在神话传说里，猪婆龙是一位音乐家。

天帝颛顼下凡体察民情，发现人们除了劳作就是睡觉，日子过得单调又乏味。他想："如果让人们学会弹奏琴瑟（sè），生活就不会再枯燥无味了。"很快，颛顼就教黎民制作并学习弹奏琴瑟。可是，抚琴奏瑟须有歌谱，这样弹出的音乐才悠扬动听。于是颛顼创作了《承云之歌》。《承云之歌》曲调优美，人们很喜欢弹奏，但人们的音乐素养还不高，演奏得不好听，于是颛顼到处寻访音乐人才。

有一次，颛顼去到一处穷山恶水，无意中发现了一位音乐奇才——猪婆龙。猪婆龙长得像短嘴巴的鳄鱼，身型巨大，遍体平滑如水，长着四只脚，初看像猪又像龙，所以叫猪婆龙。它生性很懒，经常闭着眼呼呼大睡。颛顼初见猪婆龙时，它正仰面躺在地上，用尾巴敲打它那白得发亮的肚皮，发出有节奏的"嗵嗵——咚咚"的乐声。颛顼听了，立即任命它为乐师，让它掌管天上和人间的音乐事业。

猪婆龙的名声很快传遍整个世间，不过它的种族和后代就倒大霉了。人们把猪婆龙捉住，剥下它们的皮蒙鼓，敲起来特别带劲。无论是战争，还是祭祀，都要敲这种鼓。于是猪婆龙也就越来越少了。

虎蛟

【图二】清·汪绂山海经存本

凤皇——德义礼仁信

《南山经》　　有鸟焉，其状如鸡，五采而文，名曰凤皇，首文曰德，翼
　　　　　　　文曰义，背文曰礼，膺①文曰仁，腹文曰信。是鸟也，饮
　　　　　　　食自然，自歌自舞，见则天下安宁。

【图一】清·禽虫典

注释：

① 膺（yīng）：指胸部。

凤皇的传说

丹穴山中有一种鸟，形状像普通的鸡，全身上下长满了五彩的羽毛，它的名字叫凤皇，也叫作凤凰。凤凰头上的花纹是"德"字的形状，翅膀上的花纹是"义"字的形状，背部的花纹是"礼"字的形状，胸前的花纹是"仁"字的形状，腹部的花纹是"信"字的形状。这种名叫凤凰的鸟，吃喝很是从容，常常自己边唱边跳，它一出现天下就会太平，所以人们把它看成是祥瑞①之鸟。

相传，轩辕黄帝统一了三个大部落、七十二个小部落，建立世界上第一个由共同君主治理的国家。他打算制定一个统一的图腾（类似现在的国旗，或者国家的标志），所以在原来各大小部落使用过的图腾基础上，创造了一个新的图腾——龙。

当时与黄帝轩辕部落同时存在的一个强大的部落，就是东夷部落，他们有着灿烂的文明，是伏羲氏的后裔，他们的图腾就是凤凰。后来，东夷与华夏逐渐融合，于是凤凰与龙并列，成为整个华夏文明的最高图腾。

注释：

① 祥瑞：吉祥的征兆。

鳳皇

【图二】清·汪绂山海经存本

 —人面四目鸟

《南山经》　有鸟焉，其状如枭^①，人面四目而有耳，其名曰颙
（yú），其鸣自号也，见则天下大旱。

【图一】明·蒋应镐绘图本

注释：

① 枭（xiāo）：同"鸮"，指猫头鹰。

颙的传说

颙是一种禽鸟，其貌像猫头鹰，长着一副人脸，却有四只眼，也有耳朵，长相极其恐怖，它发出的声音如自呼其名。和鲐鱼一样，颙也是大旱的象征。令丘山上没有草木，多山火，应与颙有关。据记载，明朝万历二十年时，颙鸟群聚于豫章城永宁寺，有二尺多厚，且当时燕雀成群，叫声嘈杂，结果在当年的五月至七月，豫章郡酷暑异常，滴雨未下，禾苗全都枯萎了。

都是能够导致"天下大旱"，鲐鱼的本事尚不可知，颙的则由上述记载可略知一二。两尺厚的颙聚在一起，也只是酷暑异常，没有下雨，与想象中的"连年大旱"差了不少，而且当时燕雀也在场，说不定这场干旱还有燕雀的功劳。看起来，更像是将有大旱颙才出现，而非颙一出现就有大旱。

如果能力可以叠加，可以分，那每只颙分到的更少了，这也间接反映了它们单个的能力十分有限；如果不能叠加互分，那么颙的能力也不算差了，毕竟对农耕国家，干旱三个月等于间接取走了许多人的性命。

颙毕竟不是神仙、凶兽级别的生物，神仙、凶兽能力太强，造成的影响太大，所以它们是独一无二的，而不像其他占大多数的普通生物，可以数量较多、分布较广，就这点来说，颙的能力不大不小，挺合理的，想来其他生物也是如此。

【图二】明·胡文焕图本

鵹鸟
栖林
鳟鱼处渊
俱为旱徵灾
延晋天测之
无象愿数推乎

鵹则天下大旱出令丘山
鵹状如枭人面四目有耳见

【图三】上海锦章图本

肥遗 ——女娲后裔

《西山经》　　有蛇焉，名曰肥遗，六足四翼，见则天下大旱。

《北山经》　　有蛇一首两身，名曰肥遗，见则其国大旱。

【图一】日本图本

肥遗的传说

　　肥遗是一种居住在浑夕山的怪蛇，长着六只脚和四只翅膀，它一出现，天下就会大旱。肥遗的栖息地比较多，浑夕山、太华山、彭山，都生活着肥遗。

　　肥遗原本是一条很善良的蛇，是女娲的后代。女娲长得人首蛇身，这种形态是大神的标志，但是肥遗没长出人首。也许经过艰难的修炼，肥遗还是可以修炼出人首的，但是它耐不住性子，不愿孤独寂寞地修炼，而是想出去闯荡，于是就去找水神共工，要在水神手底下历练。

　　共工与颛顼相争，一头撞断了不周山，导致天地倾斜，洪水泛滥。后来女娲下凡，费了好大劲，才补住了被共工撞坏的窟窿。女娲补天的时候，肥遗一直跟在其身后倾听教诲。后来，他对女娲说，虽然天补好了，但是洪水依然泛滥，自己愿意学习治服洪水的本领。女娲说："你的天赋比较适合做水神，可以推波助澜，呼风唤雨，假如学习控制洪水的方法，会浪费你的天赋。"但是肥遗决心已定，于是女娲就教给它一个本领：让大地变干旱。

　　在洪水泛滥的时候，肥遗确实可以让大地的境况有所改善，但是洪水逐渐消失之后，肥遗的这个本领就成了凡间的灾难。它到了哪里，哪里就大地干裂、草木枯死，从此，一心为了凡人的肥遗成了灾兽。

肥𧍙蛇

【图二】清·汪绂山经海存图本

【图三】明·蒋应镐绘图本

肥遗——黄身赤喙鹑

《西山经》　有鸟焉，其状如鹑（chún），黄身而赤喙（huì），其名曰肥遗，食之已疠^①，可以杀虫。

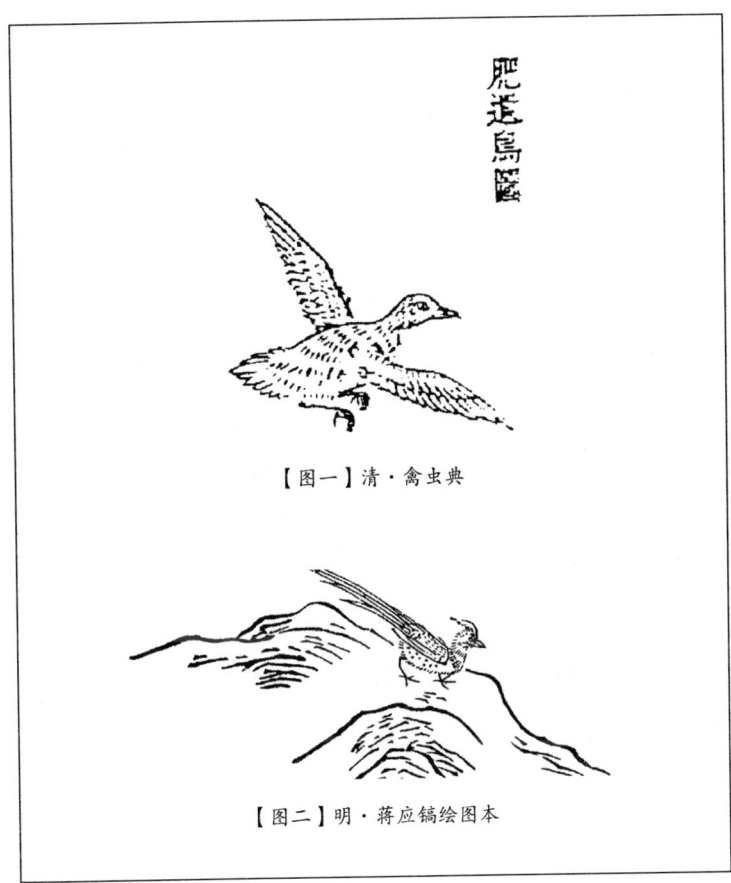

【图一】清·禽虫典

【图二】明·蒋应镐绘图本

注释：

① 疠（lài）：麻风病。

肥遗的传说

石脆山再往西七十里，是英山，山上到处是枏树和橿（jiāng）树，山北盛产铁，而山南盛产黄金。禹水从这座山发源，向北流入招（sháo）水，水中有很多鲜鱼[①]，形状像一般的鳖，发出的声音如同羊叫。山南面还生长有很多箭竹和𥱥（méi）竹，野兽大多是炸牛[②]、㺌羊[③]。

英山中有一种禽鸟，形状像一般的鹌鹑，却是黄身子、红嘴巴，叫作肥遗。但这里说的肥遗与前文的蛇类肥遗并不是同一种动物，只是名字相同而已。英山的肥遗是一种益鸟，据说人吃了它的肉，就会治愈麻风病，还能杀死体内的寄生虫。而太华山上的肥遗是毒蛇，一出现就会天下大旱。其实，书上说英山上的肥遗长得像鹌鹑，黄色的身子、红色的嘴，看起来简直在说黄鹂（lí）。特别是黄鹂的叫声与"肥遗"两字的发音很类似，古人用鸟兽的叫声为鸟兽命名，是一种很常见的做法。因此，肥遗很有可能就是黄鹂。

黄鹂是著名的食虫益鸟，非常喜欢在枝间穿飞觅食昆虫，所以古人认为它是虫子的克星，当作药吃下去能够杀虫。

注释：

① 鲜（bàng）鱼：传说中的一种鱼。

② 炸（zuò）牛：一种山牛，重达千斤。

③ 㺌（xián）羊：传说形状像羊，却长着马的尾巴。

肥𪆻鳥

【图三】清·汪绂山海经存本

【图四】清·四川成或因绘图本

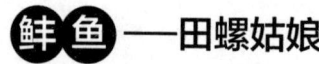 **——田螺姑娘**

《西山经》 　　嚚水出焉，北流注于招水，其中多鲜鱼，其状如鳖，其音
如羊。

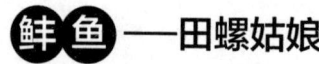

【图一】上海锦章图本

鲜鱼的传说

前面说过，禺水从英山发源，向北流入招水，水中有很多鲜鱼，形状像鳖，叫声如同羊叫。

读到这里，你应该会诧异，竟然没提到吃鲜鱼的肉会怎样，难道鲜鱼没有什么药用价值吗？其实，鲜鱼就是现在的河蚌（bàng）。

关于蚌蛤（gé）类动物，有个美丽的传说：古时候，有个名叫谢端的青年，父母早丧，被邻居照料大，已经十七八岁了。他每天早出晚归，辛勤耕作，没有一天休息。有一天，谢端在地里捡到一只大田螺，他高兴地拿回家，养在水缸里，并细心照顾它。

有一次谢端忙活了一天，直到星星都出来了，才筋疲力尽地回家。按照往常的情况，谢端心想，他今天一定又要饿肚子了。谁知刚到家门口，一股饭菜的香味飘了过来，把他馋得直流口水。他打开房门一看，满满一桌子都是香喷喷的饭菜！虽然满腹疑虑，但谢端还是美美地饱餐了一顿。此后每次谢端回到家，都能看到桌子上已经摆好了可口的饭菜。有一天谢端特意早回家，发现竟然是那只田螺变成姑娘帮他做饭。原来，田螺姑娘是东海龙王的女儿，上岸游玩的时候，化作田螺，快被晒死时，被谢端救下。于是为了报恩，也因彼此爱慕，龙女决定不再回归大海，最终和谢端一起在人间过上了幸福快乐的日子。

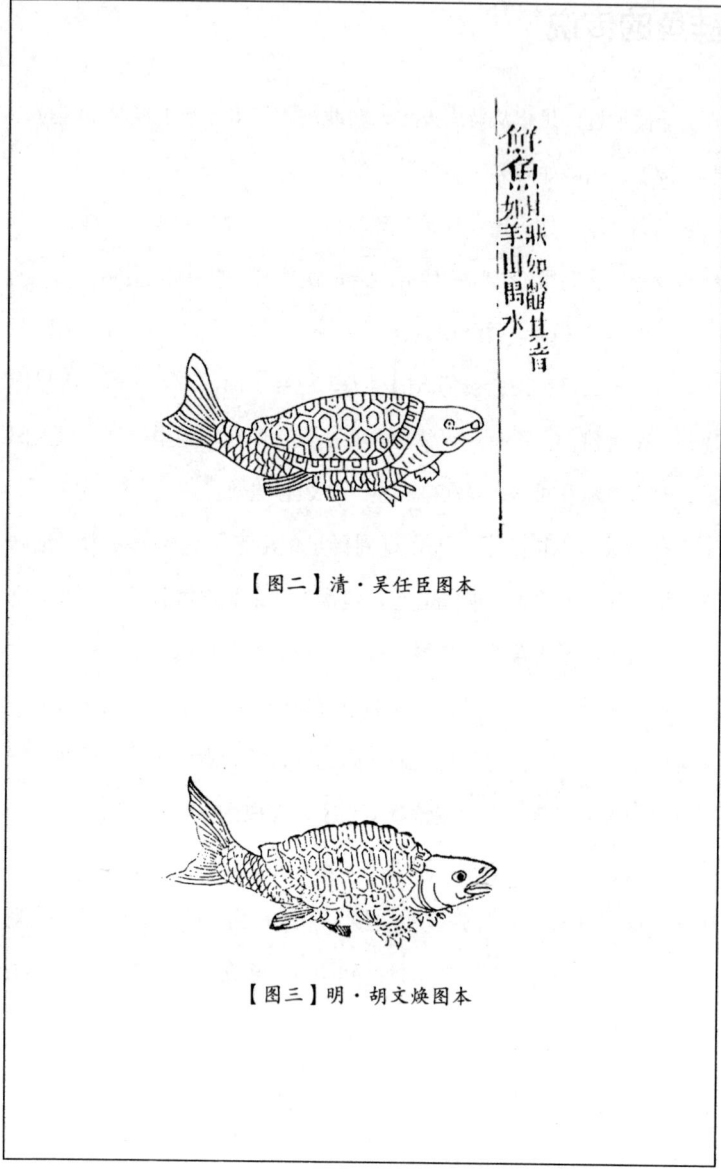

鮭魚其狀如鰭其音如羊出闈水

【图二】清·吴任臣图本

【图三】明·胡文焕图本

橐𩮈——避雷鸟

《西山经》　　有鸟焉，其状如枭，人面而一足，曰橐𩮈（tuó fěi），

　　　　　　　　冬见夏蛰①，服之不畏雷。

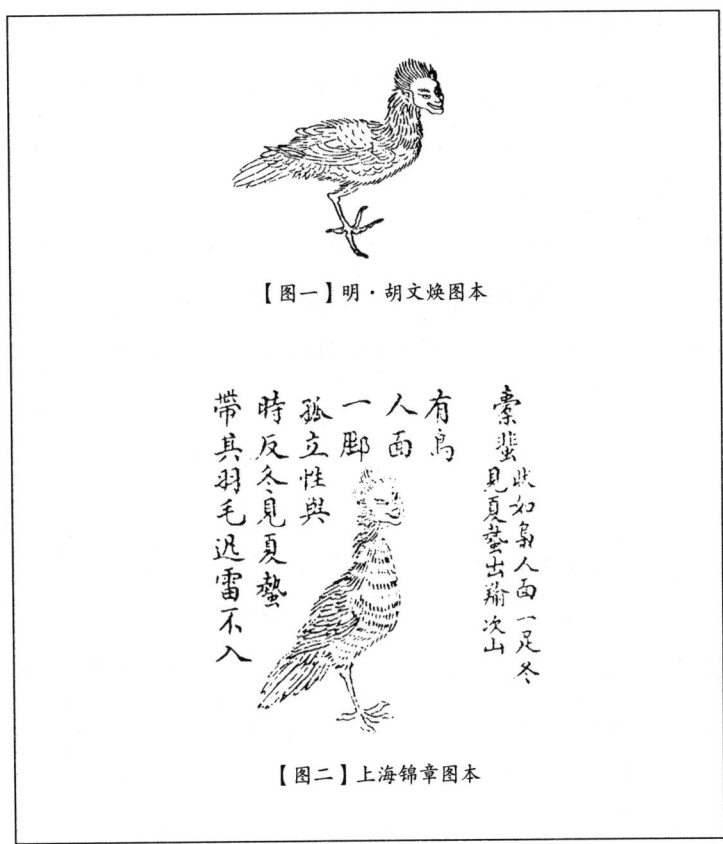

【图一】明·胡文焕图本

有鸟
人面
一脚
孤立性与
时反冬见夏蛰
带其羽毛迅雷不入

橐𩮈状如枭人面一足冬
见夏蛰出翱次山

【图二】上海锦章图本

注释：

① 蛰（zhé）：动物冬眠，藏起来不吃不动。

橐𩿤的传说

浮山再往西一百九十里,是羭(yú)次山。漆水从这座山中流出,向北流入渭水。山上多㯬(yù)橿树,山下竹林茂盛。山背阴的北坡产赤铜,向阳的南坡遍布婴垣(yuán)之玉。山中有一种叫作嚣(xiāo)的野兽和一种叫作橐𩿤的鸟类。

橐𩿤栖息在羭次山里,外状像一般的猫头鹰,却长着人一样的面孔,而且只长了一只脚。橐𩿤还有一种非常特殊的习性,喜欢夏眠,常常在冬天的时候出现,夏天的时候蛰伏,而且天雷滚滚都不能把它震醒。因为这个原因,古人认为它的羽毛可以避雷,身上佩戴它的羽毛就不再害怕打雷了。

公元六世纪,是中国南北朝时期,南朝皇帝陈后主生活奢侈,不理朝政,日夜与妃嫔、文臣游玩饮宴,制作艳词。而北朝则是英明神武的隋文帝杨坚主政,一直对南朝虎视眈眈。陈后主认为两国隔着长江天险,况且南朝的舰队非常强大,北朝的旱鸭子是没办法渡过长江的,因此一点防备也没有。没想到隋文帝杨坚委派了大将贺若弼(bì),用早就准备好的战舰,趁南朝军队换防的时候偷偷渡过了长江。听闻隋军渡过了长江,陈后主这才慌张起来。据说在这时候有一群独足鸟,聚集在陈后主的大殿里,纷纷用嘴画地写出救国之策,为陈后主出谋划策。这一群独足鸟就是橐𩿤。橐𩿤没什么统兵治国的经验,但是比那些六神无主、手足无措的大臣要强多了。可惜最后也没能保住南朝。

【图三】清·汪绂山海经存本

【图四】清·吴任臣图本

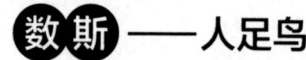

数斯——人足鸟

《西山经》　　有鸟焉，其状如鸱①而人足，名曰数斯，食之已瘿②。

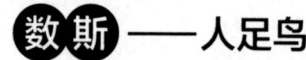

【图一】日本图本

注释：

① 鸱（chī）：古书上指鹞（yào）鹰。

② 瘿（yǐng）：指脖子上的肿瘤。

数斯的传说

天帝山往西南三百八十里，是皋（gāo）涂山。山中有一种白色的石头，名称是礜（yù），可以毒死老鼠。山中又有一种草，形状像藁茇（gǎo bá），叶子像葵菜的叶子而背面是红色的，名称是无条，也可以毒死老鼠。这样看来，这座山并非老鼠的安居之所。

皋涂山上还有一种鸟，名叫数斯，样子像鹞鹰，却长着人一样的脚，据说吃了它的肉可以治愈脖子上的赘瘤，还可以治疗癫痫病。《山海经》的作者去过皋涂山，知道这里的数斯可以治疗大脖子病，也去过拘缨（yīng）国，知道那里的人脖子上都长有一个宛若香瓜一样大的肉瘤，所以就把数斯的疗效介绍给了拘缨国的人。谁知道拘缨国的人疯狂地去捕杀数斯，数斯在不久之后就灭绝了，而拘缨国的人由于吃了数斯，大脖子也逐渐消失了，并逐渐融入到周边的国家，后世也不再有拘缨国了。

根据《山海经》记载，数斯还长着一双与人脚类似的脚。人的脚是为了奔跑才进化成这个样子的，数斯的脚长成人脚的样子，也应该是为了奔跑，所以，它应该是一种比较善于奔跑攀缘的鸟。因此也可以推断，它的翅膀不会很发达，但是力量应该很大，否则的话，早就让野兽给吃灭绝了。在远古时候，曾经有一段时间巨禽横行，占据了食物链的顶端，比如说恐鹤、泰坦鸟。数斯很有可能是这些巨型鸟类的后裔，但现在也像它的祖先一样，已经灭绝了。

【图二】清·汪绂山海经存本

【图三】清·四川成或因绘图本

【图四】清·禽虫典

【图五】明·蒋应镐绘图本

数斯

【图六】明·胡文焕图本

鹦鹉——绿衣使者

《西山经》　　　有鸟焉，其状如鸮①，青羽赤喙，人舌能言，名曰鹦䳇（yīng wǔ）。

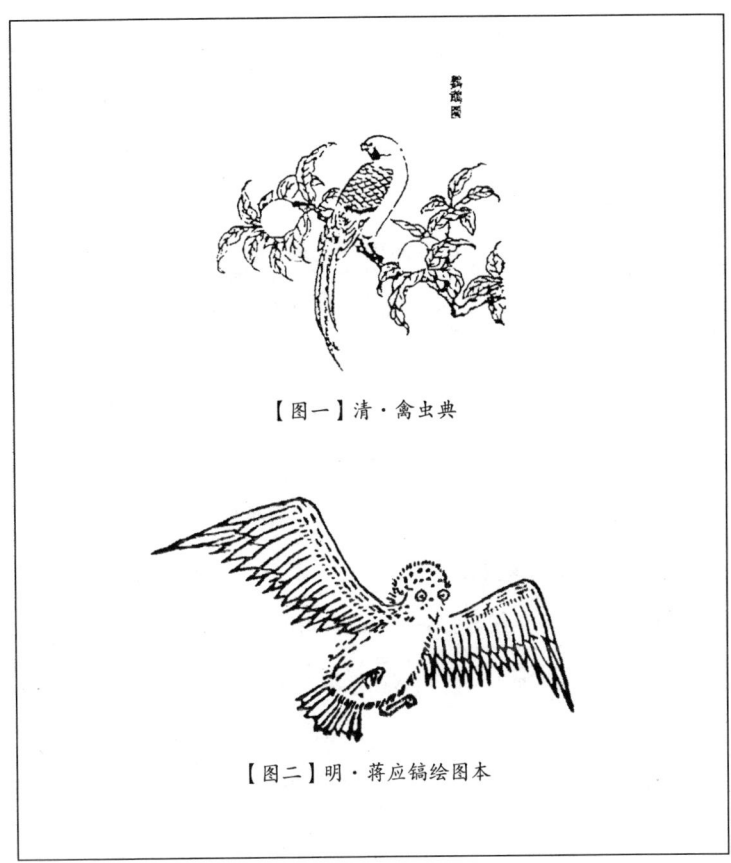

【图一】清·禽虫典

【图二】明·蒋应镐绘图本

注释：

① 鸮（xiāo）：古代指猫头鹰一类的鸟。

鹦鹉的传说

皋涂山再往西走一百八十里，就到了黄山。山上没有花草树木，到处是郁郁葱葱的竹林。黄山上生活着一种鸟，它的形状像一般的猫头鹰，却长着青色的羽毛和红色的嘴，还有像人一样的舌头，能学人说话，名叫鹦鹉。鹦鹉其实就是我们现在所熟知的鹦鹉，在很久之前已经被人们驯养了。

在唐朝，有一个鹦鹉破案的故事。说的是在唐朝的长安城里，有个叫杨崇义的富家子弟，家财万贯，他的妻子刘氏非常美貌，却心肠歹毒，不但与人私通，还想谋杀亲夫。一天，杨崇义喝得酩酊（mǐng dǐng）大醉回到家，一头倒在床上醺睡。刘氏伙同埋伏已久的情夫，勒死了杨崇义，然后将尸体埋在了后院的一口枯井中。这次行动，两人小心翼翼地避开了所有仆妾，却没发现有一只鹦鹉把一切都看在眼里。

杨崇义失踪的事情很快就报官了。官府当然很重视，派捕快日夜寻找，但没有一点线索。一天，县官带着一群衙役来到杨崇义家搜寻，把房间、院落翻了个底朝天，还是一无所获。正要走的时候，有一只鹦鹉开始喊冤。县官惊诧万分，就问鹦鹉为什么喊冤，鹦鹉大声说："是刘氏与人合谋杀了我的主人！"办案人员恍然大悟，立即提审刘氏，于是案子就这样被破了。此案上报朝廷后，唐玄宗特封这只鹦鹉为"绿衣使者"。

鸓鸟——避火神鸟

《西山经》   又西二百里，曰翠山，其上多棕枏①，其下多竹箭②，其
阳多黄金、玉，其鸟多鸓（lěi），其状如鹊，赤黑而两
首、四足，可以御火。

【图一】清·郝懿行图本   【图二】明·胡文焕图本

注释：

① 枏（zhān）：楠树。

② 竹箭：细竹。

鸓鸟的传说

黄山往西二百里，就来到翠山，山上是茂密的棕树和楠木树，山下到处是竹丛，山南面盛产黄金、玉，山北面有很多牦牛、羚羊、麝（shè）。翠山中有很多叫作鸓鸟的禽鸟，样子像一般的喜鹊，却长着红黑色的羽毛，还有两个脑袋、四只脚，据说养它可以避火。

《山海经》里有很多鸟类都可以避火，鸓鸟也是其中的一种。其实这些鸟类大多与传说中的神鸟朱雀有关系，朱雀在南方，属火，它的子孙后裔自然也会遗传一些避火的本事。有时候混得好了，还会闯出个名号，比如鸓鸟就被称作避火神鸟，经常被用到古代的宫殿之中来避火。鸓鸟能有这么大的名头与一次火灾有关系。

据说有一次，翠山莫名其妙地起了野火，火越烧越大，很快就蔓延到村落里。人们虽然在积极救火，但只靠水桶挑水是无济于事的。就在人们已经绝望的时候，突然一只鸟儿落在翠山之中，奇迹发生了，大火居然渐渐地熄灭了。人们一边欢呼雀跃，一边仔细看着这只鸟，发现这鸟极像喜鹊，但是有双头四足。原来这就是避火神鸟——鸓鸟。从此以后，人们对鸓鸟非常尊敬，不再伤害它。鸓鸟呢，也在翠山之中生活了下来，而翠山再也没有发生过火灾，终年郁郁葱葱，因此得名。

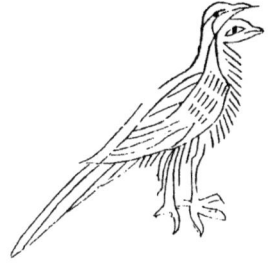

鴳状如鵩亦黑首四足鴳出則可以禦灾出�山

【图二】清·吴任臣图本

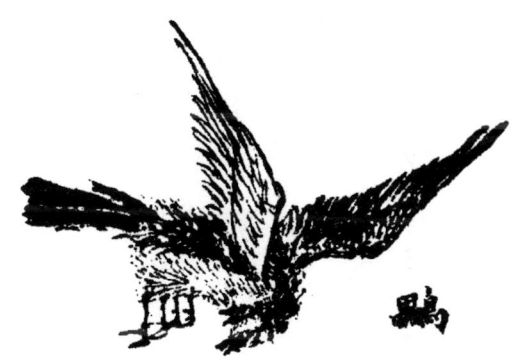

鴳

【图三】清·汪绂山海经存本

鸾鸟——和平神鸟

《西山经》　　有鸟焉，其状如翟①而五采文，名曰鸾鸟，见则天下安宁。

《大荒西经》　　有五采鸟三名：一曰皇鸟，一曰鸾鸟，一曰凤鸟。

《海内经》　　有鸾鸟自歌，凤鸟自舞。凤鸟首文曰德，翼文曰顺，膺文曰仁，背文曰义，见则天下和。

【图一】明·胡文焕图本

注释：

① 翟（dí）：古书上指长尾巴的野鸡。

鸾鸟的传说

高山往西南走三百里，就来到了女床山。女床山里有很多野兽，其中以老虎、豹子、犀牛和兕居多。山里还有一种禽鸟，形状像野鸡，却长着色彩斑斓的羽毛，名称是鸾鸟，它一出现天下就会安宁。

鸾鸟因生长在古时候的鸾州（现洛阳栾川县），因此得名。在最早的神话传说中，鸾鸟是一种与凤鸟类似的神鸟，象征着和平，所以古人经常把鸾、凤并称。鸾鸟不会轻易现身，一般到政治清明、天下太平时才会显现。也有人认为鸾鸟只是凤凰的年幼形态，长大之后就会变成凤凰。

鸾鸟的分布是比较广的，都广之野也是它的栖息地。都广之野在黑水之滨，后稷①就埋葬在这里。这里出产膏菽（shū）、膏稻、膏黍（shǔ）、膏稷，各种谷物自然生长，冬夏都能播种。鸾鸟在这里自由自在地歌唱，凤鸟在这里自由自在地舞蹈，灵寿树在此开花结果，这里丛草、树林茂盛。这里还有各种禽鸟野兽，群居相处。在这个地方生长的草，无论寒冬炎夏都不会枯死。

还有一个叫作栗广之野的地方，也有鸾鸟出没。栗广之野的土地非常肥沃，这里的板栗年年都能够丰收。栗广之野还住着很多的神人，女娲肠、石夷、后稷、太子长琴都住在这一带。

注释：
① 后稷（jì）：姬姓，名弃，黄帝玄孙，帝喾的大儿子。

【图二】明·蒋应镐绘图本

凫徯——人面雄鸡

《西山经》　　有鸟焉，其状如雄鸡而人面，名曰凫徯（fú xī），其鸣
自叫也，见则有兵。

【图一】日本图本

凫徯的传说

龙首山再往西二百里，是鹿台山，山上多出产白玉，山下多出产银，山中的野兽以㸲牛、羬羊、白豪①居多。山中有一种禽鸟，形状像普通的雄鸡，却长着人一样的脸，名称是凫徯，它的叫声就是自身名称的读音，它一出现天下就会有战争。

凫徯无论公母，都长得像公鸡。在野外见到这种鸟，就要小心了，据说这种鸟是战争的征兆，只要它一出现就会打仗。据说古时候在郴（chēn）江地区，就有人发现了凫徯，于是第二年就发生了战争。从此之后，人们非常厌恶这种鸟，遇到就会捕杀。

凫徯和另一种鸟𪃑（sǒng）斯有很微妙的区别，凫徯是"其状如雄鸡而人面"，而𪃑斯则是"其状如雌鸡而人面"。两种鸟都是人面鸟，区别是一个像公鸡，一个像母鸡。那有没有可能这两种鸟其实是一种鸟，只不过分布在不同的地方，叫不同的名字呢？完全有这种可能。

人面鸟是一个比较大的家族，橐𩇯、数斯、颙、瞿如、𪃑斯等，都不是简单的鸟，个个都有一技之长，不是大恶之鸟，就是大祥之鸟。

注释：

① 白豪：《山海经》中的异兽，应该是白色的豪猪。

【图二】明·胡文焕图本

【图三】清·吴任臣图本

【图四】清·汪绂山海经存本

鬼傧
朱厌
见则有兵
颊具感同
理不虚行
推之自然
厥数难明

鬼傧状如雄鸡而人面见
则有兵出涺治山

【图五】上海锦章图本

【图六】明·蒋应镐绘图本

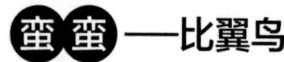

蛮蛮——比翼鸟

《西山经》 　有鸟焉，其状如凫，而一翼一目，相得乃飞[①]，名曰蛮
　　　　　　蛮，见则天下大水。

《海外南经》 　比翼鸟在其东，其为鸟青、赤，两鸟比翼。一曰在南山东。

【图一】日本图本

注释：

① 相得乃飞：结对而飞。

蛮蛮的传说

崇吾山上生活着一种鸟，其形状像一般的野鸭子，却只长了一只翅膀和一只眼睛，因此无法独自飞翔，需要两只鸟结对双飞，它的名字叫蛮蛮，又叫比翼鸟。蛮蛮双鸟不并在一起就无法飞翔，因此古人把它看作夫妻同心的象征，夫妻、恋人之间往往有"在天愿做比翼鸟"的誓言。

战国时期，宋国的国君宋康王是一个非常残暴的人。宋康王有个门客叫韩凭，其妻子何贞夫异常貌美，宋康王就把何氏抢了过去。宋康王知道韩凭心有怨恨，就把他抓起来，还判了劳役之罪。不久之后，韩凭自杀了。何贞夫听到韩凭的死讯，也决定自杀。不久，宋康王和何氏一起登上高台，何氏就故意穿了一件破衣服。上了高台之后，何氏就往下跳，宋康王的随从想拉住她，一拉衣服就破了。何氏死前还在衣带上写下遗书："王以我生为好，我以死去为好，希望把我的尸骨赐给韩凭，让我们两人合葬。"

宋康王非常愤怒，故意让人把两人的坟墓建在相望不及的地方，以解心头之恨。谁知过了不久，就有两棵大梓树分别从两座坟墓上长出来，这两棵树树干弯曲，互相靠近，根在地下相交，树枝在上面交错。又有两只比翼鸟，在树上栖息，早晚都不离开，交颈悲鸣，凄惨的声音令人感动。没过几年，齐国联合楚国、魏国攻打宋国，宋国很快就灭亡了，宋康王也被齐国人抓起来杀掉了。

蠻蠻狀如鳧而一翼一目相得乃飛見則大水山崇吾山

比翼之鳥
似鳧青赤雖云
一形氣同體
隔延頸離烏
翻飛合翮

【图二】清·毕沅图注原本

蠻蠻鳥

【图三】清·汪绂山海经存本

比翼鳥

【图四】明·胡文焕图本

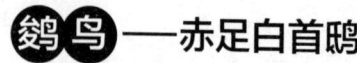鵕鸟——赤足白首鸥

《西山经》　　鼓^①亦化为鵕（jùn）鸟，其状如鸥，赤足而直喙，黄文而白首，其音如鹄（hú），见则其邑大旱。

【图】清·汪绂山海经存本

注释：

① 鼓：烛龙的儿子。

鵕鸟的传说

大神烛龙有个儿子叫作鼓，和父亲一样是人面龙身之神。但鼓却是一个不知轻重的纨绔（wán kù）子弟，经常做一些不经过大脑思考的事情。

有一次，鼓带着自己的狐朋狗友去昆仑山游玩，其中有一个叫作钦䲹（qīn péi）的天神。

在昆仑山的南面，他们遇到了一个叫作葆（bǎo）江的天神。葆江是天帝的亲信，和鼓向来不和，仗着自己本领高，有天帝宠信，从来不卖鼓的面子，鼓对此很生气。这次双方一见面，自然是怒目相对，尤其是葆江又一次对鼓进行了冷嘲热讽，而鼓嘴笨舌拙骂不过葆江。鼓一时气不过，就怂恿自己的小伙伴钦䲹一起把葆江杀死了。

这件事情很快就被天帝知道了。天帝与烛龙关系并不好，因为烛龙的地位太高了，已经威胁到天帝的位置了。这次鼓被天帝抓住了把柄，天帝就小题大做，杀鸡儆猴，故意在烛龙的老巢钟山附近一个叫峣（yáo）崖的地方，把肇事者鼓和参与者钦䲹处决了。

鼓死后阴魂不散，怨魂转世成为一只叫作"鵕"的怪鸟，形状像鹞鹰，却长着红色的脚和直直的嘴，身上是黄色的斑纹而头是白色的，叫声与大雁叫相似。它在哪个地方出现，哪里就会发生旱灾。鵕鸟虽然死了一次，但还没吸取教训，反而破罐子破摔，仗着父亲的威名，一逮到机会就出来闹事，以此来发泄内心的憋屈之气，因此人们对鵕鸟深恶痛绝。

大鹗——黑斑虎爪雕

《西山经》　　钦𥖏化为大鹗（è），其状如雕而黑文白首，赤喙而虎
　　　　　　　爪，其音如晨鹄，见则有大兵。

【图一】清·禽虫典

【图二】清·四川成或因绘图本

大鹗的传说

前面说到鼓死后化为鵕鸟继续在人间恣意妄为的事，接下来我们来说一下他的忠实小弟钦䲹的故事。钦䲹死后化作了大鹗，其形状像普通的雕，却长有黑色的斑纹和白色的脑袋，还有红色的嘴巴和老虎一样的爪子，叫声和晨鹄相似。钦䲹是一种灾鸟，它一出现就会有大的战争发生。

关于鼓和钦䲹杀死葆江的传说，还有另一个版本。据说鼓和钦䲹叫作倏（shū）和忽，而葆江叫作混沌。倏是东海的天帝，忽是南海的天帝，混沌是中央的天帝，三人非但不是仇人，反而是非常好的朋友。倏和忽经常去混沌那里蹭饭，混沌每次都会非常殷勤地招待他们两个，这使得倏和忽非常感动。有一天，倏和忽商量要报答混沌的深厚情谊。他俩说："人人都有七窍，所以才能享受声色之娱、酒肉之欢。混沌一窍都没有，不如我们帮他凿出七窍来。这样的话，混沌就能和我们一样快活了。"商量好之后，倏和忽便找来工具，为混沌做了一场"大手术"。他们每天在混沌身上凿出一窍，一连凿了七天，才把混沌的七窍凿成。倏和忽刚想庆祝一番，发现混沌已经去世了。

因为无意中把自己的朋友给杀死了，倏和忽非常伤心，万分悔恨之下自我惩罚，一个变成了鵕鸟，另一个变成了大鹗。

【图三】清·汪绂山海经存本

【图四】明·蒋应镐绘图本

文鳐鱼——海上滑翔机

《西山经》　　是多文鳐（yáo）鱼，状如鲤鱼，鱼身而鸟翼，苍文而白首赤喙，常行西海，游于东海，以夜飞。其音如鸾鸡，其味酸甘，食之已狂①，见则天下大穰②。

【图一】明·胡文焕图本

注释：

① 狂：癫狂病。

② 穰（rǎng）：庄稼丰收。

文鳐鱼的传说

钟山再往西一百八十里，是泰器山，观水从这里发源，向西流入流沙河。观水中有很多文鳐鱼，形状像普通的鲤鱼，却长着鸟一样的翅膀，浑身是青黑色的斑纹，却长着白脑袋和红嘴巴，经常从西海游到东海去，在夜间飞行。它发出的声音如同鸾鸡啼叫，文鳐鱼一出现，天下就会五谷丰登。

这里记载的文鳐鱼，与现在海中的文鳐鱼应该是同一种鱼。文鳐鱼又叫作燕鳐鱼、飞鱼，是一种长相非常奇特的鱼，胸鳍（qí）特别发达，很像鸟类的翅膀，而且特别大，一直延伸到尾部。文鳐鱼的整个身体结构就像织布的长梭。凭借自己流线型的体型，文鳐鱼可以在海中以每秒十米的速度高速运动，还可以跃出水面，在空中滑翔。文鳐鱼能够跃出水面十几米，在空中停留的最长时间是四十多秒，飞行的最远距离有四百多米。

文鳐鱼在海里经常被各种凶猛鱼类争相捕食，但它并不轻易跃出水面，只有遭遇攻击无法逃脱的时候，才施展出这种本领来。可是，施展这个本领也伴随着很大的风险，因为一跃出水面，它就有可能成为海鸟的猎物，有时候还会落到海岛或者撞到礁石上丧生。归根结底文鳐鱼并不是真的能飞，它们只是依靠有力的尾部在空中滑翔而已。

文鰩

【图二】清·汪绂山海经存本

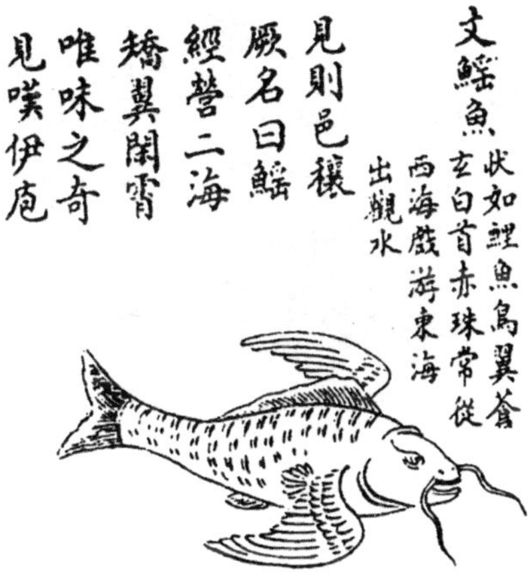

文鰩魚狀如鯉魚鳥翼蒼
玄白首赤珠常從
西海戲游東海
出觀水

見則邑穰
厥名曰鰩
經營二海
矯翼閒霄
唯味之奇
見嘆伊庖

【图三】上海锦章图本

钦原——西毒欧阳锋

《西山经》 有鸟焉，其状如蠭①，大如鸳鸯，名曰钦原，蠚②鸟兽则
死，蠚木则枯。

【图一】清·禽虫典

注释:

① 蠭（fēng）：同"蜂"。

② 蠚（hē）：用毒针刺。

钦原的传说

　　槐江山向西南走四百里，就到了昆仑山。昆仑山是天帝在凡间的都邑，由大神陆吾负责管理和防卫，陆吾手下有一种叫作钦原的大鸟，负责守卫昆仑山。钦原的形状像马蜂，大小类似鸳鸯，如果蜇（zhē）了其他鸟兽，鸟兽就会死掉，如果蜇了树木，树木也会枯死。

　　钦原是上古时代神话传说中的神兽之一，是昆仑系神话中的一员。昆仑山上生活着无数神仙，甚至包括西王母这样的重量级人物。昆仑山的大管家是大神陆吾，钦原就是陆吾手下的小兵，专门负责守卫昆仑山。钦原虽然个头不大，但数量众多，性情凶悍，毒性猛烈，一般的神并不是它们的对手，所以均不敢在昆仑山放肆。

　　长着毒刺、有鸳鸯大小的钦原，应该不属于鸟类，反而更像是蜂类。蜂其实比鸟更凶悍，比如胡蜂，就嗜杀成性。它们最喜欢进犯蜜蜂，几十只胡蜂能在不到三小时内杀死三万只蜜蜂，然后把蜜蜂的幼虫变成它们幼崽的美食。胡蜂还是用毒高手。胡蜂的毒素非常猛烈，蜇人后，可致其神经中毒，如果蜇到血管，甚至会导致其丧命！而且，胡蜂的毒针没有倒钩，可以屡次蜇人。如果钦原习性与胡蜂类似，那昆仑山真是固若金汤了。钦原住在西方，心肠狠毒并且善于使毒，与武侠小说中的西毒欧阳锋的用毒手法有很多共同点。

【图二】明·蒋应镐绘图本

鹖鸟——好斗之鸟

《中山经》　　济山之首，曰辉诸之山，其上多桑，其兽多闾①麋（mí），其鸟多鹖②。

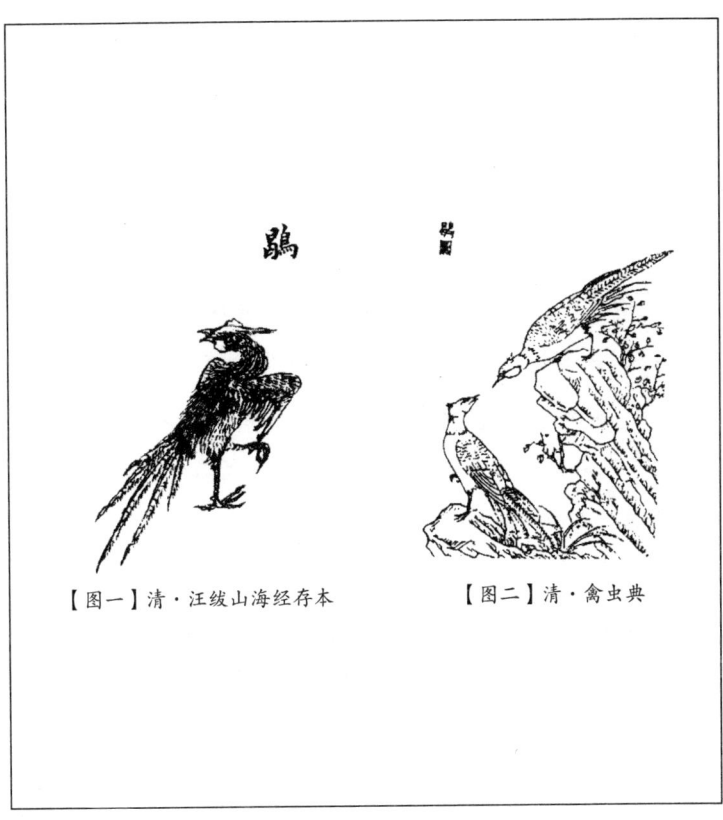

【图一】清·汪绂山海经存本　　　【图二】清·禽虫典

注释：

① 闾（lú）：这里指野驴。

② 鹖（hé）：即现在的褐马鸡。

鹖鸟的传说

济山山系的第一座山，叫作辉诸山，这座山上有茂密的桑树，栖息着很多野驴、麋鹿和鹖鸟。

鹖鸟就是现在的褐马鸡，是我国特有的珍稀鸟类。褐马鸡体型比一般的野鸡要大。褐马鸡的翅膀很短，不善飞行，但非常善于奔跑。褐马鸡的主要栖息地是华北的山地森林。华北在古代曾有大片森林，但后来遭到大量破坏，于是导致褐马鸡的栖息地减少。如今褐马鸡成为濒危①动物，全国只剩下不到两万只，被列为国家一级保护动物。

雄性鹖鸟在每年的繁殖期间，都要为争夺雌鸟而发生激烈的争斗，几乎每次都要达到不死不休的地步。因此在古代，鹖鸟被认为是一种非常凶猛的鸟，是勇猛的象征。

在阪（bǎn）泉之战的时候，黄帝的军队就以雕、鹖、鹰、鸢为旗帜，来激励士气。战国时期，楚国有一个贤达的人，喜欢以鹖为冠，人称鹖冠子，与弟子庞煖（nuǎn）一起成为赵武灵王的大臣。赵武灵王很器重他们，再加上他自己也非常欣赏鹖鸟的勇猛，就下令把鹖鸟的尾羽装饰在武将的头盔（kuī）上。从此之后，历代帝王都用鹖鸟的尾羽来装饰武将的帽盔，称为"冠"，以激励将士冒死战斗。这种制度一直延续到清朝末年。

注释：

① 濒（bīn）危：接近危险的境地。这里指即将灭绝。

鰼鱼——四脚鱼

《西山经》 桃水出焉，西流注于稷泽，是多白玉，其中多鰼
（huá）鱼，其状如蛇而四足，是食鱼①。

《东山经》 其中多鰼鱼，其状如鱼而鸟翼，出入有光。其音如鸳
鸯，见则天下大旱。

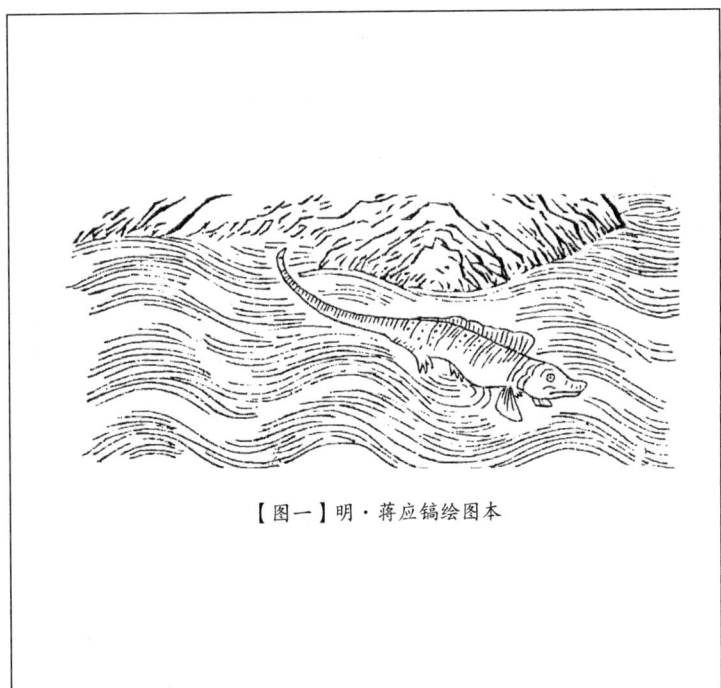

【图一】明·蒋应镐绘图本

注释：

① 是食鱼：以鱼为食，即依靠吃别的鱼为生。

鳛鱼的传说

昆仑山再向西三百七十里的地方，叫作乐游山。山里有很多鳛鱼，形状像蛇，却长着四条腿，以吃别的鱼为生。在另一个地方，也就是钦山东南二百里的子桐山，也有很多鳛鱼，形状与一般的鱼相似却长着鸟的翅膀，出入水中时闪闪发光，叫声如同鸳鸯鸣叫，一出现天下就会发生大旱灾。

子桐山往东北二百里，是剡（yǎn）山。剡山上生活着一种野兽，其外形像猪，却长着一副人的面孔，黄色的身子后面拖着红色的尾巴，名字叫合窳（yǔ），它发出的吼叫声如同婴儿在啼哭。合窳生性凶残，既吃人，也以虫、蛇之类的动物为食，一出现天下就会洪水泛滥。

根据《山海经》的记载，鳛鱼是旱灾的征兆，合窳是水灾的征兆，但是子桐山和剡山既没有旱灾也没有水灾，难道是因为这两种异兽离得太近相互抵消了吗？这完全有可能。还有可能合窳和鳛鱼因为离得比较近，于是相互争斗，而顾不上去危害人们，世间因此少了很多灾祸。

乐游山的鳛鱼，与子桐山的鳛鱼虽然有一些差别，但应该是一种鱼，这种鱼应该就是现在的肺鱼。肺鱼平时用鳃（sāi）呼吸，在干涸时可以用鳔（biào）呼吸。除此之外，肺鱼还习惯夏眠。夏天旱季到来时，肺鱼就钻进深深的泥土中，将身体团成圆球，进入休眠状态。待到雨季来临，河床重新泛滥，它们就苏醒过来正常生活。肺鱼的这种休眠状态可以持续好几个月甚至几年。

【图二】清·四川成或因绘图本

【图三】清·汪绂山海经存本

【图四】清·禽虫典

鳎魚

【图五】明·胡文焕图本

鳎魚即鮹魚見子桐水

鳎魚鳥翼
飛乃流光
同出殊應
或災或祥

【图六】清·毕沅图注原本

081

胜遇——大舜化身

《西山经》 有鸟焉，其状如翟而赤，名曰胜（xìng）遇，是食鱼，其音如
录①，见则其国大水。

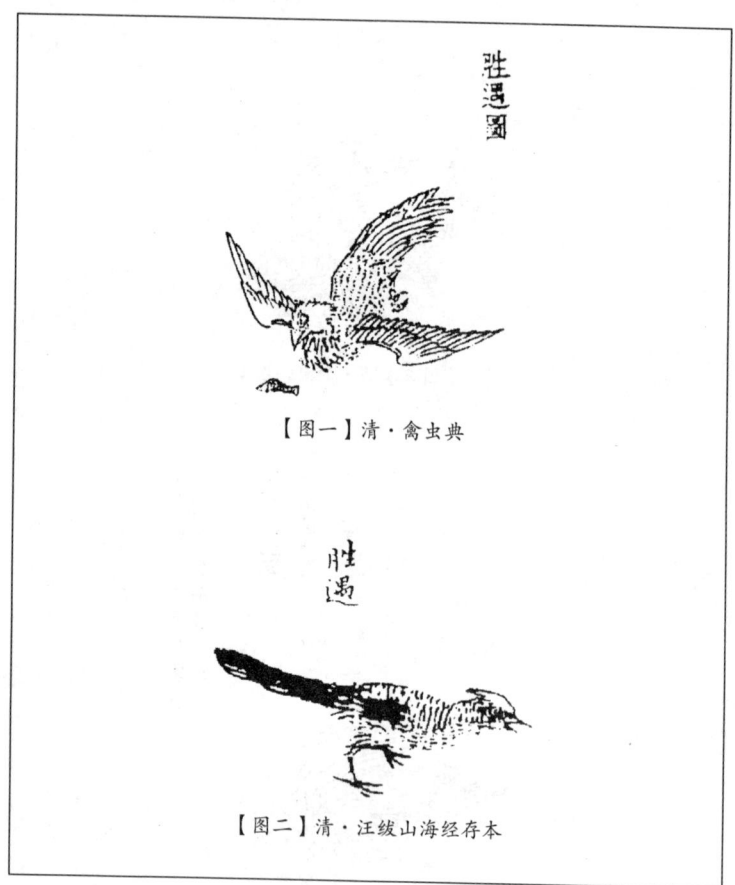

【图一】清·禽虫典

【图二】清·汪绂山海经存本

注释：

① 录：同"鹿"。

胜遇的传说

玉山，是西王母居住的地方。这里的鸟兽，即使长得不起眼，也是吉兽。玉山有一种鸟，形状像野鸡，却通体红色，名称是胜遇，依靠吃鱼为生，发出的声音如同鹿在鸣叫，这种鸟出现在哪里，哪里就会发生水灾。

有一个版本传说，胜遇这种鸟是舜的化身。舜的童年时期过得异常悲苦，母亲早亡，父亲瞽（gǔ）叟是个老糊涂，受到舜的后母挑唆，把舜视为眼中钉。但即便是这样，舜也是一个极其孝顺的孩子。舜长大以后，成了一个德才兼备的人。尧寻访贤人的时候，各大族长都推举舜。尧经过考察，认可了舜，就把自己的两个女儿娥皇和女英嫁给他。

舜的弟弟叫作象，非常嫉妒舜，并且对舜两个貌美的妻子垂涎万分。按照当时的习俗，一个人死后，他的兄弟可以继承他的妻子，于是象想了一个狠毒的主意。一天，象让舜帮忙修筑谷仓，舜毫不犹豫地答应了。娥皇和女英听说后，就给丈夫准备了一套五彩斑斓的新衣裳。舜穿着它去修谷仓。等舜爬到仓顶时，象立即抽掉梯子，并放起火来。舜在仓顶上很着急，张开双臂惊呼："天呀！……"就在张开手臂、露出新衣服上彩纹的时候，舜突然变成了一只大鸟，鸣叫着，直朝天空飞去。这只大鸟正是胜遇。

【图三】清·四川成或因绘图本

【图四】明·蒋应镐绘图本

毕方——玩火神鸟

《西山经》　　　有鸟焉，其状如鹤，一足，赤文青质而白喙，名曰毕方，其鸣自叫也，见则其邑有讹火①。

《海外南经》　　毕方鸟在其东，青水西，其为鸟人面一脚。

【图一】日本图本

注释：

① 讹（é）火：怪火。

毕方的传说

　　长留山再往西走二百八十里，就来到了章莪（é）山，这里没有花草树木，到处是瑶、碧一类的美玉。山中有一种禽鸟，形状像一般的鹤，但只有一只脚，长着青色的身子、红色的斑纹，有一张白嘴巴，这种异兽的名称是毕方。毕方的名字来自竹子和木头燃烧时发出的噼啪声响，它是火神，也是木神。毕方不吃谷物，只吞吃火焰，传说它在哪个地方出现，哪里就会发生怪火。

　　毕方是黄帝的属下，传说黄帝在泰山封禅的时候，乘坐着蛟龙拉的战车，毕方则伺候在战车旁。那时候的大地上还没有火，人类只能像野兽一样吃生的东西。更可怕的是到了寒冬时候，每年都会冻死很多人。人类常常祈求天帝赐福，但天帝却不愿意将火施舍给人类。毕方是掌管火的神，他看到人类如此困苦，就一再建议把火赐给人类，但是每次都被天帝拒绝。于是有一天，趁天帝睡觉的时候，毕方把火种偷了出来，悄悄地带到凡间。毕方将火种送给大地上的人类，把火与热传遍大地，让天下所有人不再害怕寒冷，不再有人被冻死。从此，大地上有火的地方就有毕方的足迹。

　　但是当人们拥有火种之后，就不再需要毕方了，也不再记着毕方的好了，反而因为毕方是火神，走到哪里烧到哪里，成了人们诅咒的对象。

【图二】明·胡文焕图本

【图三】明·蒋应镐绘图本

【图四】清·四川成或因绘图本

毕方

【图五】清·汪绂山海经存本

𪁉——一首三身鸟

《西山经》　　有鸟焉，一首而三身，其状如鸦①，其名曰𪁉。

【图一】清·禽虫典

注释：

① 鸦（luò）：传说中一种长得像雕，黑色纹路、红色脖子的鸟。

鸱的传说

三危山，除了有传说中的神鸟三青鸟外，还栖息着一种禽鸟，长着一个脑袋却有三个身子，形状与鸦鸟很相似，名称是鸱。鸱在现代汉语里的意思是猫头鹰，但在古代，鸱是指鹞鹰一类的猛禽。因此，三危山的鸱，也是鹞鹰之类的猛禽。传说，这种猛禽与神鸟三青鸟是有亲缘关系的。

三青鸟是西王母的使者。东海有三座仙山：蓬莱、方丈、瀛（yíng）洲。这三座仙山被九只大鳌托着，在茫茫大海里四处漂泊，这三座仙山与世间的通信就是靠三青鸟传达的。三青鸟不工作的时候就居住在三危山，时间长了，三危山自然会留下一些三青鸟的后裔，鸱就是它们的后裔之一。

后来，鸱逐渐具备了一些神奇的本领，这个本领跟它们的祖先三青鸟很类似，也是送信，不过是穿梭于阳间与阴间，并负责引导亡者的灵魂。这个时期鸱的形象已经与猫头鹰重合了。古代传说听见猫头鹰的叫声就会死人，这种说法有可能是由于猫头鹰嗅觉灵敏，能够闻到病人身上的气味，并发出凄厉的惨叫，就像是在报丧一样。而民间传说人死之后，猫头鹰负责引导其灵魂进入地府，这种说法可能来源于猫头鹰大多是在夜晚无声地飞行，就像幽灵一样。

鵸

【图二】明·胡文焕图本

鵸一首三身其狀
如鵸出三危山

鵸則鸱鳥
一首三身

【图三】清·毕沅图注原本

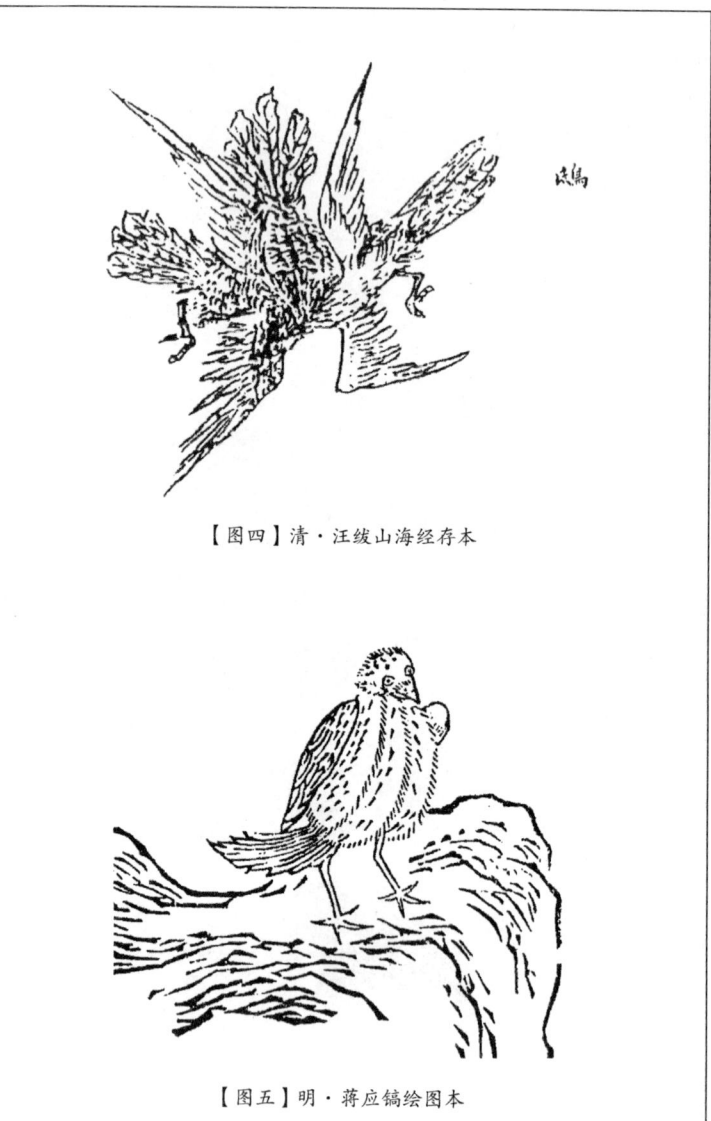

【图四】清·汪绂山海经存本

【图五】明·蒋应镐绘图本

鹋鵌——五彩赤文乌

《西山经》　有鸟焉，其状如乌，三首六尾而善笑，名曰鹋鵌（qí tú），服之使人不厌①，又可以御凶。

《北山经》　有鸟焉，其状如乌，五采而赤文，名曰鹋鵌，是自为牝牡②，食之不疽③。

【图一】日本图本

注释：

① 厌：做噩梦。

② 牝牡（pìn mǔ）：这里指鸟兽的雌性与雄性。

③ 疽（jū）：皮肤的疮肿症状。

鹆鵌的传说

西方第三系列山的山尾是翼望山，翼望山上光秃秃的，没有花草树木，但蕴藏着丰富的金属矿物和玉石。山中有一种野兽，体型和一般的狸猫相似，只长了一只眼睛，身后有三条尾巴，其名称叫谨（huān）。它能发出上百种动物的鸣叫声，饲养它可以驱邪避凶。

翼望山中还有一种鸟，叫作鹆鵌，看起来像普通的乌鸦，却长着三个脑袋、六条尾巴，最奇怪的是这种鸟特别喜欢笑。鹆鵌鸟没有雌雄区别，可以独自繁衍后代。据说吃了它的肉就能使人不做噩梦，还可以避凶邪之气。鹆鵌不光在翼望山栖息，北山的带山上也有，不过带山的鹆鵌与翼望山的有一些区别。带山上的鹆鵌羽毛是红色的，还带有五彩纹理，肉也与翼望山的有区别，据说吃了就能使人不患痈疽病。

叫声像是笑声的鸟，也是有的，新西兰就有一种叫作笑鸮的猫头鹰，叫声听起来像是精神病患者的窃笑，让人毛骨悚然。在西方人到来之前，笑鸮在新西兰岛上自由自在地生活着，数量很庞大，但突然在二十世纪初灭绝了。原因是笑鸮原本在新西兰是没有天敌的，所以它的巢筑在地面上，但是西方人带来的猫狗等外来物种会把笑鸮孵在巢里的蛋吃掉，于是笑鸮就灭绝了。鹆鵌也许就是这种笑鸮。

【图二】清·吴任臣图本

鷄鷣圖

山海經
北山經

帶山有鳥焉其狀如烏五采而赤文名曰𩇯𩇯是自為牝牡食之不𤵼　郭曰上巨有此鳥疑同名

任臣按爾海作鷄鷣爵𩁘頴注云有名鷄鷣能勝偽牝雌卵此鳥也爾雅翼曰山海經頴有一種

獸之出夏愛山者如狸而有髦其名曰𤟤頴帶山之鳥如烏而五采文其名曰奇頴

【图三】清·禽虫典

095

【图四】清·四川成或因绘图本

【图五】明·胡文焕图本

鵸鵌狀如烏三百六尾
善笑出翼望山

鵸鵌三

頭猿獸三

尾俱禦不祥

消凶辟昧君子

服之不逢不趭

【图六】上海锦章图本

【图七】明·蒋应镐绘图本

当扈——髯飞雉

《西山经》 其鸟多当扈（hù），其状如雉，以其髯①飞，食之不眴目②。

【图一】明·胡文焕图本

注释：

① 髯（rǎn）：下巴上的须毛。

② 眴（shùn）目：眨眼睛。

当扈的传说

鸟山再往北二十里，就来到了上申山。上申山上没有花草树木，到处是大石头，山下是茂密的榛树和楛（hù）树，野兽以白鹿居多。山里最多的禽鸟是当扈鸟，形状像普通的野鸡，却用髯毛当翅膀来飞。

当扈是野鸡的一种，有人推测就是鸨（bǎo）鸟。现在，"老鸨"被认为是对开妓院的老板娘的称呼，但在上古时期，鸨是指一种野鸟。那时候人们认为，鸨这种野鸟，只有雌鸟，没有雄鸟，它们要繁衍后代，可以和其他任何品种的鸟类交配，所以它们是万鸟之妻。鸨鸟，并不善于飞行。其实也是可以想象得到的，用胡子来飞行，能飞得又高又远吗？因此，鸨鸟很容易被抓住，是古人改善伙食的一个重要对象。尤其是驻扎在野外的军队，经常去捕捉一些鸨鸟来做军粮。在汉朝的时候，鸨鸟是很重要的军粮，于是人们就把鸨鸟与随军出征的妓女联系起来。事实上，鸨鸟是有雄鸟的，只是这种鸟类的雌雄个体差异太大了，雄鸟比雌鸟大了好几倍，所以就被人们误认为是两种不同的鸟。

由于长期被捕捉，鸨鸟的数量锐减，已经濒临灭绝了。据说，我国仅存约两百只鸨鸟。

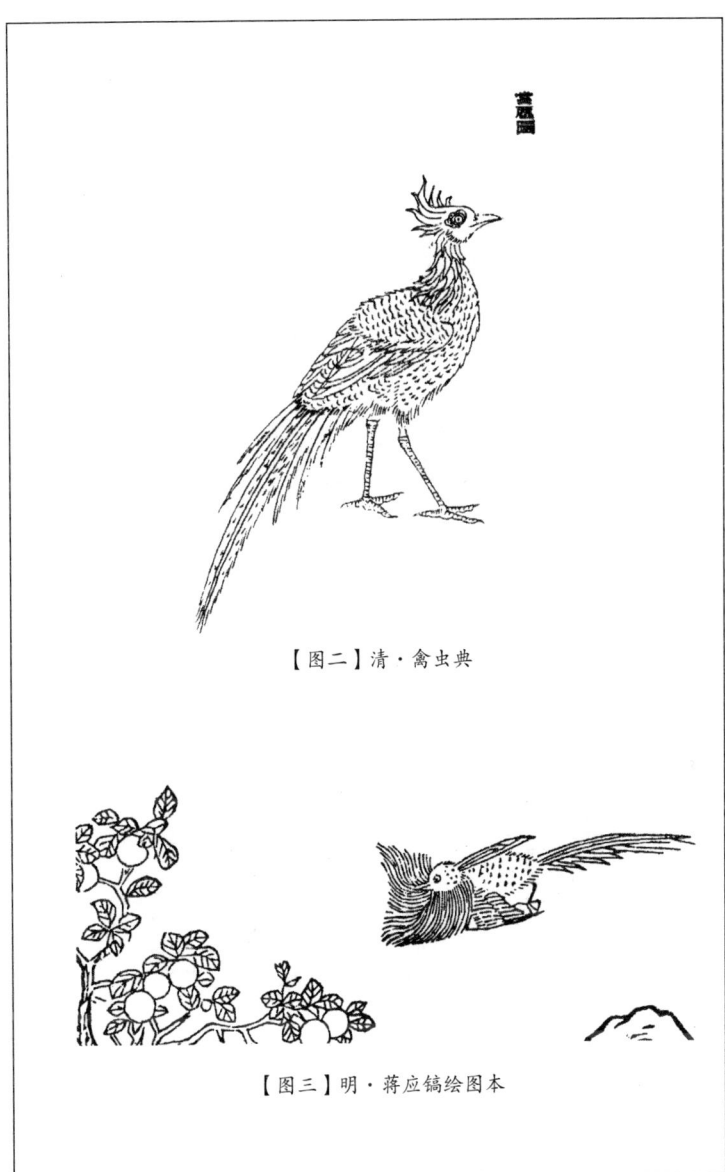

【图二】清·禽虫典

【图三】明·蒋应镐绘图本

【图四】清·汪绂山海经存本

【图五】清·四川成或因绘图本

冉遗鱼——蛇首六足鱼

《西山经》　　是多冉遗之鱼，鱼身蛇首六足，其目如马耳，食之使人不眜^①，可以御凶。

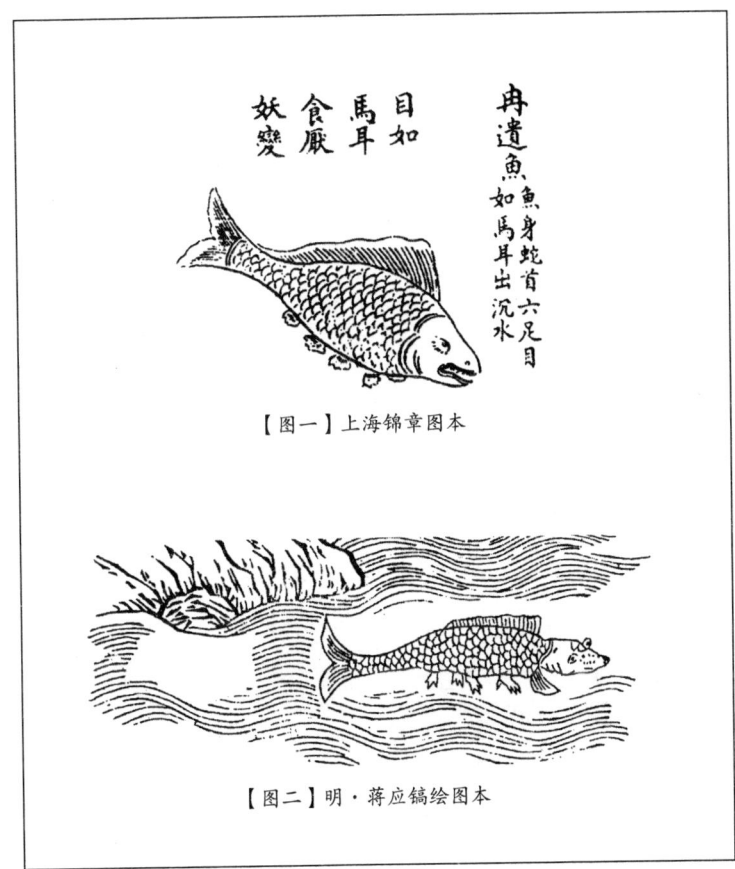

妖　食　馬　目
變　厭　耳　如

冉遗鱼　鱼身蛇首六足目如马耳出沉水

【图一】上海锦章图本

【图二】明·蒋应镐绘图本

注释：

① 眜：做噩梦。

冉遗鱼的传说

刚山再往西走三百五十里，就到了英鞮（dī）山，山上生长着茂密的漆树，山下蕴藏着丰富的金属矿物和玉石，山中栖息的禽鸟野兽都是白色的。浣水从这座山发源，然后向北流入陵羊泽。水里有很多冉遗鱼，长着鱼的身子、蛇的头和六只脚，眼睛长长的像马耳朵，吃了它的肉就能使人不做噩梦，也可以避凶煞之气。

冉遗鱼具有蛇头、鱼身、六脚的特点，与现在的一种生物非常吻合，那就是墨西哥钝口螈（yuán）。墨西哥钝口螈是一种蝾（róng）螈。大多数的蝾螈都是凶巴巴的，但墨西哥钝口螈看起来非常可爱：脑袋硕大，眼睛又大又圆，嘴巴只有一条缝，跟它的亲戚们很不一样。蝾螈跟青蛙一样，是两栖动物，幼体用鳃呼吸，像鱼一样生活在水里；长大后用肺呼吸，大多数生活在陆地上。但墨西哥钝口螈一生都是幼体形态，就像一个巨型蝌蚪。

墨西哥钝口螈还有一个响亮的外号，叫作"六角恐龙"，但与这个恐怖外号不相符的是，它是一种非常受欢迎的宠物，尤其是在北美。墨西哥钝口螈的脑袋周围长着六只角，看起来就像是生活在白垩（è）纪晚期的食草恐龙"角龙"，这也是它得名的原因。不过其实那些角都是它的鳃，每只鳃上面还有细细的绒毛，是用来在水下呼吸的。

【图三】明·胡文焕图本

【图四】清·汪绂山海经存本

105

——肥王鱼

《西山经》　　其中多鳋（sāo）鱼，其状如鳣（zhān）鱼，动则其邑有
　　　　　　　大兵。

【图】清·禽虫典

鲦鱼的传说

邦山再往西走二百二十里，就到了鸟鼠同穴山。鸟鼠同穴山，这个山名很有意思，其实鸟鼠同穴这种现象，在树木稀疏的西北荒漠以及青藏高原并不少见。比如生活在青藏高原的褐背地鸦，就常和老鼠或兔子等啮（niè）齿类动物同穴而居，常常是老鼠或兔子为地鸦打洞筑巢，地鸦为老鼠或兔子站岗放哨，有时地鸦还站在老鼠或兔子背上，啄食寄生虫。

鸟鼠同穴山上有很多白色老虎以及洁白的玉石。渭水从这座山发源，然后向东流入黄河，水中生长着许多鲦鱼，形状像普通的鳣（zhān）鱼，它在哪个地方出没，哪里就会有大战发生。所谓鳣鱼，就是现在的肥王鱼，也叫作鮰鳇（huí huáng）鱼。

肥王鱼现在只生存在淮河的其中一段，因此又被叫作"淮王鱼"，是极为少见的鱼种。肥王鱼外形奇特，身体扁圆，形如纺锤，肥壮、光滑、无鳞，肉质细嫩，历来被当作鱼中上品，居淮河鱼类之冠。食其肉如豆腐一样细嫩，饮其汤如香菇鸡汤一样鲜美，闻其味如雅舍幽兰一样清香。

至于这种鱼为什么会导致战争的发生，是一件比较费解的事情。难道是因为这种鱼太鲜美了，所以古代人要打仗来抢吗？最大的可能是因为淮河自古即战乱之地，常年少不了战争，所以人们就把这种现象与当地出产的肥王鱼联系在一起。

䲟鮍鱼——乌首覆铫鱼

《西山经》 滥（jiān）水出于其西，西流往于汉水，多䲟鮍（rú pí）之鱼，其状如覆铫①，乌首而鱼翼鱼尾，音如磬石②之声，是生珠玉。

【图一】清·禽虫典

注释：

① 铫（diào）：一种有把柄、小嘴的锅。

② 磬（pán）石：厚而大的石头。

鳘鮔鱼的传说

鸟鼠同穴山是鱼类的宝地，除了栖息鳋鱼外，还有鳘鮔鱼。鳘鮔鱼的形状像倒扣着的铫，长着鸟的头、鱼的鳍和鱼的尾巴，叫声像敲击磬石发出的声音，最奇怪的就是它体内能够孕育出珍珠和美玉。

根据描述，鳘鮔鱼应该是一种蚌类生物。蚌一般生活在江河湖泊或者池塘之中，冬春寒冷时在水底利用斧足挖出一个泥坑，把身体埋在泥沙中，仅露出部分身体进行呼吸以及摄食。

蚌的行动能力很弱，环境平静时，它们由韧带牵行，微微张开双壳，徐徐伸出斧足，缓步向前。这样爬行非常缓慢，通常一分钟只能走几厘米。不过假如遇上天敌，蚌也有应付办法，它的斧足会很快缩回，闭壳肌同时急剧收缩，双壳紧闭以御外敌。

蚌还是生产珍珠的摇篮，不仅可以形成天然珍珠，也可人工养育珍珠。珍珠可加工制成各种装饰品和工艺品，历来被视为珍宝，深受人们喜爱。珍珠同时也是名贵的药材，制成粉后混合其他物质，配制而成的珍珠散、丸、丹、液等各种中成药，在临床医学上使用广泛，可治疗人体多种疾病，疗效显著。

鴛鴦魚狀如鳧鴦鴛為首而魚翼魚尾
音如磬石之聲是生珠玉出
溢水

形如鳧鴥魚玉含珠包而不積泄以尾閭間與道會可謂奇魚

【图二】清·汪绂山海经存本　　　【图三】上海锦章图本

【图四】明·蒋应镐绘图本

110

鮆鮡魚狀如覆銚鳥首而魚翼魚尾音如磬石之聲是生珠玉出濫水

形如覆銚包
玉含珠有而
不積泄以尾
聞聞與道自
可謂奇魚

【图五】清·毕沅图注原本

111

人面鸮——人面狗尾猫头鹰

《西山经》　　　有鸟焉，其状如鸮而人面，蜼^①身犬尾，其名自号也，见
　　　　　　　则其邑大旱。

【图一】明·胡文焕图本

注释：

① 蜼（wèi）：一种体型较大的长尾猴。

112

人面鸮的传说

　　鸟鼠同穴山的西南三百六十里处，是一座崦嵫（yān zī）山，山中有很多野兽，不但有喜欢亲近人的孰湖，也有让人毛骨悚然的人面鸮。文中对人面鸮的描述也令人感觉惊悚：长得像一般的猫头鹰，却长着人的面孔、猴子一样的身子，拖着一条狗尾巴，传说它在哪个地方出现，哪里就会有大旱灾降临。

　　《山海经》里描述人面鸮发出的叫声就是自己的名字，却并没有说这种鸟叫什么名字，晋朝的《山海经》研究专家郭璞（pú）因此推断这里有缺字。鸮是我国古代对猫头鹰一类鸟的统称。猫头鹰古时又叫"鸱""鸱鸺""逐魂鸟""报丧鸟"等，因其头部似猫，故俗称"猫头鹰"。鸮大多习惯在黄昏或夜间活动，听觉和视觉在夜间异常敏锐，民间又称其为"夜猫子"。鸮白天多躲藏在密林中栖息，缩颈闭目栖于树上，一动不动，稍有声响，立即伸颈睁眼，转动身体，观察四周动静，如发现有人立即飞走。飞行时慢而无声，通常贴地低空而飞。

　　猫头鹰的天敌是金雕等大型雕类，白腹隼（sǔn）雕也捕食猫头鹰，此外，中大型食肉哺乳类也会吃它。此外，猫头鹰的骨头被认为能接骨，所以遭到人们大量捕杀。此外它们还因偷吃家禽、袭击人工驯养的雀鹰等遭人痛恨而被杀死。不过，猫头鹰对人类总体有益无害，只有在十分饥饿难忍时才会偷吃鸡鸭等家禽。

人面鸮
其状如鸮
人面雉身
犬尾見則
大旱出
海滋山

【图二】上海锦章图本

【图三】明·蒋应镐绘图本

114

名自號

【图四】清·汪绂山海经存本

【图五】清·四川成或因绘图本

鯈鱼——三尾六足四首鱼

《北山经》　　其中多鯈（yóu）鱼，其状如鸡而赤毛，三尾、六足、四首，其音如鹊，食之可以已忧。

【图一】明·蒋应镐绘图本

鯈鱼的传说

求如山再往北三百里，是带山，滂（féng）水就是从这座山发源的，然后向西流入芘（bì）湖。水中有很多鯈鱼，形状像一般的鸡，却长着红色的羽毛，还长着三条尾巴、六只脚、四只眼睛，它的叫声与喜鹊的鸣叫相似。据说吃了它的肉，会让人觉得很快乐，能够忘忧。

现在鯈鱼已经灭绝了，但是根据记载，在战国时期这种鱼还是很多的。有一次，庄子和好朋友惠子一同出游。惠子名叫惠施，也很不简单，是当时著名的政治家、哲学家，是可以跟得上庄子思路的仅有的几个人之一。两人到了一条河边，庄子说："鯈鱼在河水中游得多么悠闲自得，这是鱼的快乐啊。"惠子说："你又不是鱼，怎么知道鱼是快乐的呢？"庄子说："你又不是我，你哪里知道我不知道鱼是快乐的呢？"惠子说："我不是你，固然不知道你。你本来就不是鱼，你不知道鱼的快乐，这是完全可以确定的！"庄子说："请从我们最初的话题说起。你说出'你哪里知道鱼快乐'的话，就表示你已经知道我知道鱼快乐而问我。我是在濠（háo）水的桥上知道的。"

遗憾的是，两人这种友谊没有一直持续下去。后来惠子当了魏国的相国，害怕庄子威胁到他的相位，就派人去追杀庄子。庄子对惠子说："猫头鹰捡到一只老鼠，看见大鹏飞过，就发出'吓'的声音，吓唬大鹏，以免抢它的老鼠，你现在也是拿魏国的相位来'吓'我的吧！"说完就跟惠子分道扬镳（biāo）了。

鯈魚

【图二】明·胡文焕图本

鯈魚

【图三】清·汪绂山海经存本

118

鵸鵌状如乌赤毛三尾六足四目食之已忧可以御火

【图四】清·吴任臣图本

119

何罗鱼——一首十身鱼

《北山经》　　其中多何罗之鱼，一首而十身，其音如吠（fèi）
　　　　　　犬，食之已痈。

【图一】明·蒋应镐绘图本

何罗鱼的传说

从带山再往北走四百里，就来到了谯（qiáo）明山。谯水从这座山发源，向西流入黄河。水中生长着很多何罗鱼，长着一个脑袋却有十个身子，发出的声音像狗叫，人吃了它的肉就可以治愈痈肿病。另有一说法，认为此鱼可以防御火灾。也有人说何罗鱼并不是真的有十个身子，而是它们平时喜欢将头与头扎堆聚在一起，一眼看过去像是长着一个头十来个身子而已。

据说何罗鱼与姑获鸟有很大关系。姑获鸟又名"鬼鸟"，能够吸取人的魂魄，所居住的地方都是磷火闪耀的，常在夜晚出来活动，披上羽毛即变成鸟，脱下羽毛就化作女人。姑获鸟的样子很丑陋，长着九个脑袋，脑袋上还不停地滴血，看上去非常吓人。据说它原本长着十个脑袋，但是被二郎神的哮天犬咬掉了一个。姑获鸟特别喜欢祸害婴儿。谁家晚上要是忘了把婴儿的衣服收进屋子，姑获鸟发现了就会在上面留下两滴血作为记号，等一有机会，就抱走孩子。

传说中十首一身的姑获鸟，就是由这一首十身的何罗鱼变化而来的。但是这种怪物在何罗鱼形态的时候，却没有很坏，还可以被食用，味道也不错，据说吃了它的肉就可以治愈痈肿病。那么何罗鱼是怎样变成姑获鸟的呢？据说有难产而死的妇女，因为有怨气而不入地府，就附在何罗鱼身上，最后化作姑获鸟。

阿羅魚

【图二】明·胡文焕图本

【图三】清·四川成或因绘图本

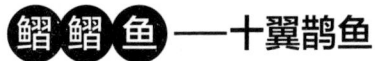

鳛鳛鱼——十翼鹊鱼

《北山经》 其中多鳛（xí）鳛之鱼，其状如鹊而十翼，鳞皆在羽端，其音如鹊，可以御火，食之不瘅[①]。

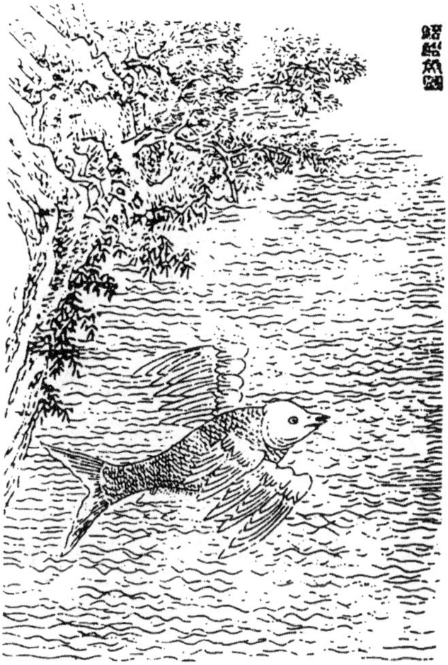

【图一】清·禽虫典

注释：

① 瘅（dān）：指黄疸（dǎn）病。

鳛鳛鱼的传说

謕明山再往北三百五十里，是涿（zhuō）光山。山上到处是松树和柏树，而山下到处是棕树和橿树，山中的野兽以羚羊居多，禽鸟以蓄鸟居多。嚣水从这座山发源，然后向西流入黄河。水中生长着很多鳛鳛鱼，形状像一般的喜鹊，却长有十只翅膀，鳞甲全长在羽毛的尖端，叫声与喜鹊的鸣叫相似，人饲养它可以辟火，吃了它的肉能治好黄疸病。

鳛鳛鱼，因出产于鳛国而得名。鳛国之前叫"鳛部"，因此鳛部境内的一条河就被叫作鳛部水，这条河里生长着一种鳛鱼，也叫作鳛鳛鱼。鳛部原本是古代巴国的一个部落，后来从巴国分裂出去，大约定居在今贵州省遵义市。鳛部水也就是现在遵义市的习水河。

后来鳛部逐渐成了一个诸侯国，大约存在于公元前770年至公元前308年之间。西周灭商以后，实行分封制，分给功臣封地或食邑，称为"国"。鳛国正是这时期产生的，所以其国君很可能是周王封赐的"习"姓诸侯。

鳛鳛鱼是鳛国非常有名的一种特产，是当地最有代表性的动物。鳛鳛鱼的样子很奇怪，非常像喜鹊，还长着十个翅膀。但是这种长翅膀的鱼到底可不可以飞，由于《山海经》中并没有记载，所以一直都存在争议。

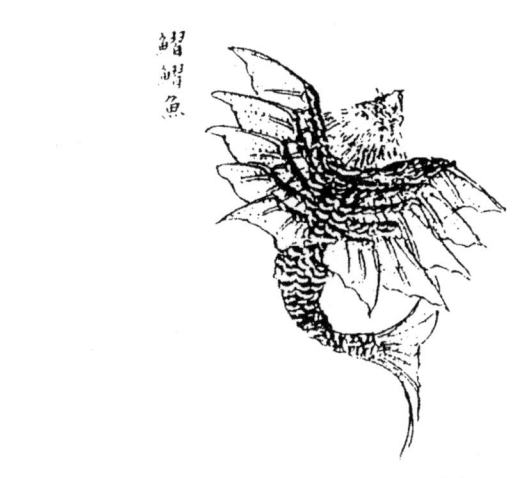

鳍鳚鱼

【图二】清·汪绂山海经存本

【图三】明·蒋应镐绘图本

【图四】明·胡文焕图本　　　　【图五】清·吴任臣图本

【图六】清·四川成或因绘图本

寓——鸟翼鼠猴

《北山经》　　其鸟多寓（yù），状如鼠而鸟翼，其音如羊，可以御兵。

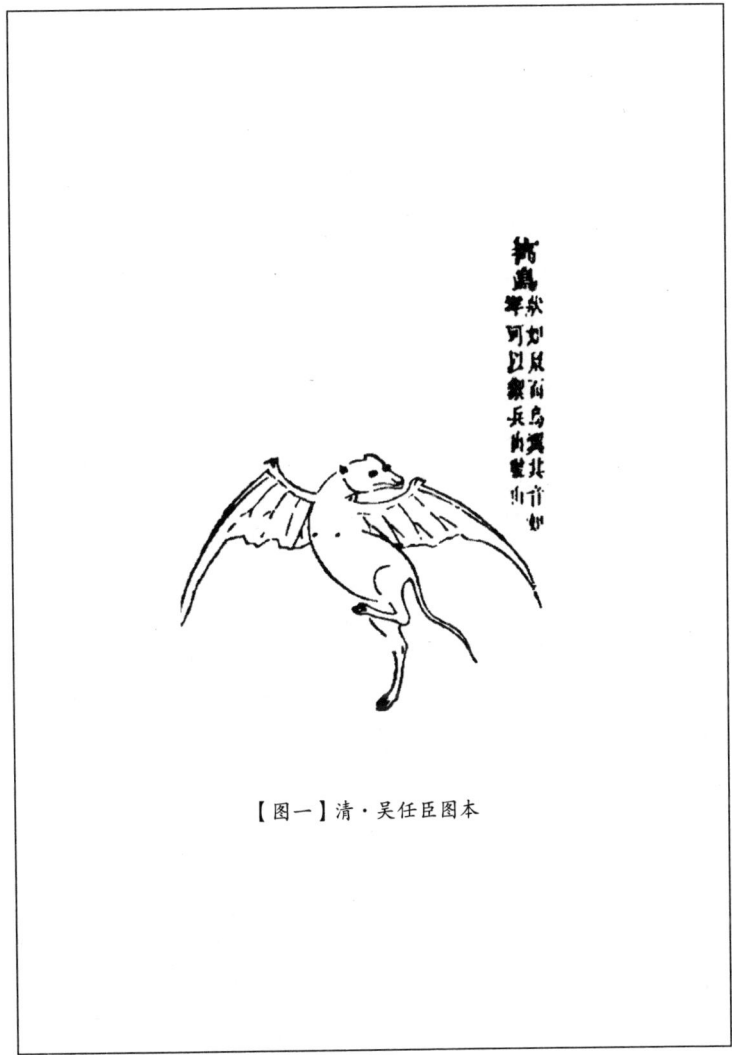

【图一】清·吴任臣图本

寓的传说

涿光山再往北走三百八十里，就到了虢（guó）山。虢山上是茂密的漆树，山下是茂密的梧桐树和椐（jū）树，山南盛产玉石，山北盛产铁。山上的野兽大多是骆驼，鸟大多是寓鸟。寓鸟的样子像老鼠，还长着鸟翼，叫声像羊，据说养它可以防御兵祸。

这种鸟长得奇形怪状，看起来并不像是鸟类，很有可能是一种鼯（wú）猴。鼯猴的体侧自颈部到尾部具有大而薄的滑翔膜，看上去像鼯鼠，但是面部又很像狐猴，因此被叫作鼯猴。不过鼯猴既不是猴子，也不是蝙蝠，而是鸲（qú）和蝙蝠之间的一种过渡生物。鼯猴从脖子直到尾端有一层皮膜，连着它的前臂、前趾以及后腿和后趾。当四肢完全伸开时，它看上去就像一只风筝。它不会飞行，但是可滑翔。

鼯猴通常在树上生活，很少冒险到地面上活动。它通过滑行从一棵树到达另一棵树。幼年的鼯猴贴着母亲的皮毛吃奶，无论到什么地方，甚至在母亲滑行时，它也和母亲在一起。鼯猴是夜间活动的动物，白天休息，夜间吃树叶、花苞和花朵为生。夜间它们的大眼睛看东西很清楚。

鼠而傅翼厥聲如羊

窩鳥狀如鼠而鳥翼其音如羊可以禦兵出蔵山

【图二】上海锦章图本

鵸——解毒奇鸟

《北山经》   有鸟焉，群居而朋飞，其毛如雌雉，名曰鵸，其鸣自
呼，食之已风①。

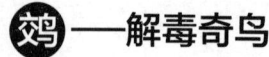

【图一】清·禽虫典

注释：

① 风：风痹病。

鸰的传说

从春山往北走二百里，就到了蔓联山。蔓联山上没有花草树木，但有一种叫作足訾（zī）的野兽。此外，这里还有一种禽鸟，喜欢成群栖息、结队飞行，尾巴与雌野鸡相似，名称是鸰。它的叫声便是自身名称的读音，人吃了它的肉就能治好风痹病。

与《山海经》里的其他鸟类比起来，鸰显得很普通，并没有什么很特别的本领，也就是肉具有治疗中风的疗效而已。关于鸰，史书上还有一些记载。首先说它们是一种群居动物，成千上万地聚集在一起飞，飞在天上的时候可以把太阳挡住，落在地上的时候可以把田野遮住。其次说它们具有"厌火"的特性，顾名思义就是讨厌火，就像非洲大草原上的犀牛，只要看见火，就冲过去踩灭，哪怕是人类生起来的篝火。鸰应该也是这样，只要看见火，在火还没有发展成火灾的时候，就会将其弄灭。这其实是动物的一种天性。因为大自然里的野火，可以把一切都烧成灰烬，动物们于是逐渐进化出看到火就去踩灭的本能。

也有一种说法，认为鸰其实就是池鹭。池鹭是一种生活在水边的涉禽，头和颈是栗红色的，喉部白色，胸前长着厚厚的体羽，背上的羽毛是紫色的，生活在我国东南部的湖边、沼泽边上，数量庞大，目前不是濒危物种。

【图二】清·汪绂山海经存本

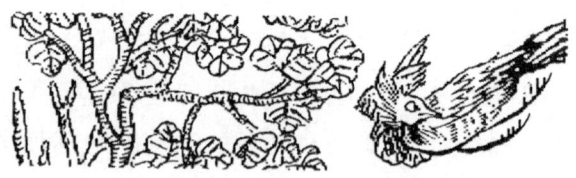

【图三】清·四川成或因绘图本

【图四】明·蒋应镐绘图本

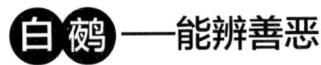

白鵺——能辨善恶

《北山经》　　有鸟焉，其状如雉，而文首、白翼、黄足，名曰白鵺（yè），食之已嗌痛①，可以已痸②。

白鵺圖

山海經 北山經

翼望之山有鳥焉其狀如雉而文首白翼黃足名曰白鵺食之已嗌痛可以已痸

郭曰音夜嗌咽

也嗌咽痛謂噎不容粒今吳人呼咽為嗌痸癡病也

任臣按陳藏器云白鵺似雉而夜鳴鳴曰白鵺象其音故名也

【图一】清·禽虫典

注释：

① 嗌（yì）痛：咽喉痛。

② 痸（chì）：痴呆病。

133

白鹆的传说

蔓联山再往北一百八十里，是单张山。山上生长着一种鸟，其形状像是野鸡，长着花脑袋，翅膀上的羽毛是白色的，脚是黄色的，名字叫作白鹆，人吃了它的肉可以治愈咽喉疼痛和痴呆症。

白鹆在《山海经》里是一种很普通的鸟，但在其他的记载里却是很厉害的角色。据说白鹆能够辨识人的善恶，被它视为"善"的人会得到它的保护。而如若不幸被判断为"恶"，白鹆会用一种极其残忍的方式将其杀掉。神话故事里具有这种能力的都是大名鼎鼎的神兽，比如龙九子之一的獬豸（xiè zhì），比如地藏王菩萨的坐骑谛听。

獬豸又称任法兽，是古代神话传说中的瑞兽，形似羊，黑毛，四足，头上有独角，善辨曲直，见有人争斗就用角顶理亏的一方，因而獬豸也被称为"直辨兽""触邪"。当人们发生冲突或纠纷的时候，这种独角兽能用角指向无理的一方，甚至将罪该万死的人用角抵死，这令犯法者不寒而栗。据说帝尧的刑官皋陶曾养过一只獬豸，处理刑案时请獬豸来帮忙，凡遇疑难不决之事，都让獬豸裁决，没有一次判错。所以在古代，獬豸就成了执法公正的化身，古代法官戴的帽子又称"獬豸冠"。然而具有这种能力的白鹆，却没能像獬豸一样扬名立万，这实在是有愧于它的天赋。

鴱

【图二】明·胡文焕图本

【图三】明·蒋应镐绘图本

白鶮

【图四】清·汪绂山海经存本

【图五】清·四川成或因绘图本

 竦斯——人面雉

《北山经》　　有鸟焉，其状如雌雉而人面，见人则跃①，名曰竦斯，其
　　　　　　　　鸣自呼也。

【图一】日本图本

注释：

① 跃：跳跃。

𬌗斯的传说

从单张山，也就是白鵺的故乡出发，往北走三百二十里就来到了灌题山。山上生活着一种鸟，样子像雌野鸡，却长着人的面孔，一看见人就跳跃起来，它的名字叫𬌗斯，它叫起来就像在呼唤自己的名字。

《山海经》中的𬌗斯是人类最早饲养的宠物之一，足訾也是。这两种动物有一个共同特点，就是特别喜欢与人亲近。𬌗斯看见人就会跳跃，足訾看见人就会呼叫。只有长时间被人类饲养，才会养成这个习惯，就跟现在的宠物狗向人撒娇一样。

因此，足訾和𬌗斯在古代也用来指那些溜须拍马、厚着脸皮向人献媚的人。诗人屈原就特别鄙视这样的人。

根据记载，屈原被流放三年，心情烦闷，不知道何去何从，就前往拜见太卜①郑詹尹并对他说："我有所疑惑，希望先生您给我算个命。"詹尹就说："你要算什么呀？"屈原说："我是宁可诚恳朴实、忠心耿耿呢，还是迎来送往、巧于逢迎而摆脱困境？宁可鹤立鸡群而保持正直操守呢，还是像足訾和𬌗斯一样侍奉那位妇人②？"郑詹尹哭丧着脸说："尺有所短，寸有所长，鬼神也不是什么都知道，你的这些事我算不了。"

注释：

① 太卜：周朝时候的太卜是掌管阴阳卜筮的官员。

② 妇人：指楚怀王的宠姬郑袖。她与朝中大臣一起排挤屈原。

辣斯

【图二】清·汪绂山海经存本

胅
斯

【图三】明·胡文焕图本

139

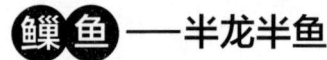**鱢鱼——半龙半鱼**

《北山经》　　其中多鱢（zǎo）鱼，其状如鲤而鸡足，食之已疣[1]。

【图一】明·蒋应镐绘图本

注释：

[1] 疣：赘瘤病。

鯥鱼的传说

少咸山再往北二百里，是狱法山。瀤（huái）泽水从这座山发源，然后向东北流入泰泽。水中生长着很多鯥鱼，形状像一般的鲤鱼却长着鸡爪子，人吃了它的肉就能治好赘瘤病。

在上古时期，中原地区的气候比现在温暖得多，降雨量也大得多，河流湖泊也多得多，因此，鱼是当时人们非常重要的食物。而鯥鱼，则是鱼中的美味。战国时期，孟尝君有个门客冯谖（xuān），并不受孟尝君的器重，因此待遇也不好。有一天，冯谖靠在柱子上，弹着自己的剑，唱起了歌："我的宝剑啊，咱赶紧回家吧，这里吃饭连鱼都没有，出门连车都没有，还待着有什么意义。"歌声被孟尝君听见了，便赶紧给冯谖涨了待遇。由此可见，那时候的人顿顿都离不开鱼。孟子曾说："鱼我所欲也。熊掌亦我所欲也……"在孟子眼中，美味佳肴能够与鱼相提并论的似乎只有熊掌了，只可惜两者是不可兼得之物，让孟子做选择实在是伤透了他的脑筋。

鲤鱼在那时候更受推崇，比如孔子给自己的儿子取名叫作"孔鲤"。《山海经》中记载的鯥鱼不但是鱼，而且是鲤鱼中的极品，是已经长出了两只爪子，快要变成龙的鲤鱼，半龙半鱼，等闲之人没法抓到。

【图二】清·吴任臣图本

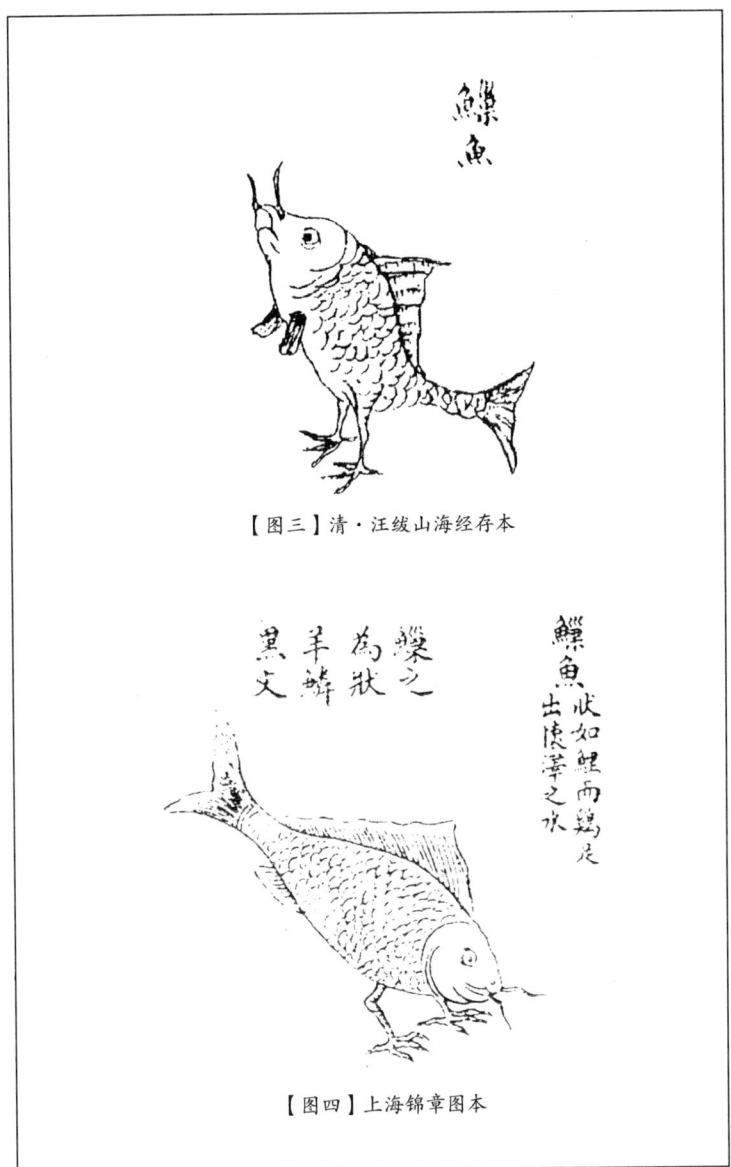

【图三】清·汪绂山海经存本

鰧之
為狀
羊鮮
黑文

鰧魚狀如鯉而雞足
出隄葦之水

【图四】上海锦章图本

鮨鱼——犬首婴啼鱼

《北山经》　水中多鮨（yì）鱼，鱼身而犬首，其音如婴儿，食之已狂。

鮨魚
魚身犬首
音如婴兒
食之已狂
出諸懷水

【图一】上海锦章图本

【图二】明·蒋应镐绘图本

144

鲐鱼的传说

诸怀水从北岳山发源，然后向西流入嚣水。水中有很多鲐鱼，长着鱼的身子和狗的脑袋，叫声像婴儿在啼哭，人吃了它的肉就能治愈癫狂病。根据描述，我们大致可以猜出鲐鱼就是现在的海狗。海狗的身子像鱼，还长着两双鳍肢，脑袋像狗脑袋，叫声也像婴儿啼哭。

传说人吃了鲐鱼的肉就会治愈癫狂病，这是否具有科学依据呢？这也不得而知。不过海狗的生殖能力倒是堪称世界之最，因此它们常常被人们当作补品来食用。

海狗通常生活在海洋里，每年春末夏初，它们都会上岸进行繁殖。第一批上岸的是雄海狗，第二批上岸的是雌海狗。前期抵达的雄海狗纷纷抢占地盘，划分势力范围。大约一周之后，大群的雌海狗就会涌上岸边，和雄海狗进行较为自由的婚配。一般情况下，一只雄海狗要和多达几十只雌海狗进行交配。在长达七十天的交配期内，雄海狗不吃不喝，全靠一年积累下来的脂肪维持生命。

鮨魚魚身大首臼（音咬）如蝓兒（音宏）食之巳狂出諸漊水

【图三】清·吴任臣图本

【图四】清·汪绂山海经存本

146

 鲻鱼——赤鳞

《南山经》　　苕（tiáo）水出于其阴，北流注于具区。其中多鲻（jì）鱼。

《北山经》　　其中多鲻鱼，其状如儵而赤鳞，其音如叱①，食之不骄②。

【图】清·汪绂山海经存本

注释：

① 叱：大声呵斥。

② 骄：狐臭。

鲑鱼的传说

　　少阳山再往北五十里，是县雍山，晋水从这座山发源，然后向东南流入汾水。水中生长着很多鲑鱼，形状像鲦鱼，却长着红色的鳞片，叫声如同人的斥骂声，传说吃了它的肉就会让人没有狐臭。鲑鱼就是人们餐桌上的极品美味刀鱼。现在，刀鱼只在长江里有出产，但在上古时候，刀鱼在很多地方繁衍。不光是北山的县雍山，南山的浮玉里也有刀鱼，而且数量众多。刀鱼的学名是长颌鲚（hé jì），又称刀鲚，长江沿岸的人们习惯称之为江刀。刀鱼体形狭长侧薄，颇似尖刀，银白色，与带鱼有点像，但两者之间没有亲缘关系。

　　刀鱼平时栖息于我国东部长江口附近的浅海，每年春夏繁殖季节从河口进入淡水，沿干流上溯至长江中游，进入湖泊、长江支流产卵。产卵后就分散在淡水中摄食，并陆续顺流返回河口及近海。出生后的幼鱼也顺水洄游至入海口区域。

　　长江刀鱼在以前是有名的美味，但如今已经濒临灭绝。其主要原因，一是由于长江口网具太多太密；二是与很长一段时间的过度捕捞有关；三是由于长江污染严重，已经严重破坏了刀鱼产卵地的生态。

—四翅狗尾鸟

《北山经》　　有鸟焉，其状如夸父①，四翼、一目、犬尾，名曰嚣，

其音如鹊，食之已腹痛，可以止衕②。

【图一】清·吴任臣图本 　　　　【图二】清·四川成或因绘图本

注释：

① 夸父：中国古代神话传说中的巨人族。这里指猿猴模样的夸父。

② 衕（tòng）：肚子痛。

嚣的传说

北嚣山再往北走三百五十里，就到了梁渠山，此山不生长花草树木，有丰富的金属矿物和玉石，修水从这发源，然后向东流入雁门水。山中的野兽大多是居暨（jì），形状像刺猬，但浑身长着红色的毛，发出的声音如同小猪叫。山中还有一种禽鸟，形状像猿猴模样的夸父，长着四只翅膀、一只眼睛、狗一样的尾巴，名称是嚣，它的叫声与喜鹊的鸣叫相似，人吃了它的肉就可以治肚子痛，还可以治好腹泻病。

在西山的瑜次山，也有一种野兽叫作嚣，形状像猿猴而双臂很长，而梁渠山的嚣却是一种鸟。只是这种鸟长得很像瑜次山的嚣，因此也被叫作这个名字。但它们其实是截然不同的动物。嚣的形状很奇怪，长着四只翅膀，因此可以推测它的飞行能力很强；但它仅有一只眼睛，视力应该不是很好；它的尾巴和狗尾巴一样，可能还会卷起来，这又不利于飞行；至于它的叫声，像喜鹊，是"喳喳"一样的声音。这种鸟类，应该就是现在的猴面鹰。

猴面鹰又叫作草鸮，也是猫头鹰的一种，但是非常像猴子。白天，猴面鹰躲在树林里养精蓄锐，夜间却非常活跃。猴面鹰的身体结构和功能都方便其在黑夜捕捉老鼠，它飞行的时候无声无息，又有钩子般的趾爪和利喙，捕杀老鼠时往往百发百中。

三桑無枝歐樹惟高　四翼一目其名曰鸓　一曰大尾出泉渠山　鸓鳥状如鳧四翼

【图三】上海锦章图本

鸓鳥

【图四】清·汪绂山海经存本

151

人鱼——四足美人鱼

《西山经》 丹水出焉，东南流注于洛水，其中多水玉，多人鱼。

《北山经》 其中多人鱼，其状如䲑（dì），四足，其音如婴儿，食
之无痴疾。

《中山经》 又厌染之水出于其阳，而南流注于洛，其中多人鱼。

【图一】清·尔雅音图

152

人鱼的传说

人鱼在上古时候的中国还是很多的，在西方、北方、南方都有。但这些人鱼形象与西方的美人鱼是不一样的，中国的人鱼样子看起来很像鲇鱼，只是长有四只腿。因此，中国传统神话里的人鱼应该是类似于鲇（nián）鱼、娃娃鱼的一种水生动物。

还有一种说法是，人鱼就是鲛人。鲛人的形象与西方的美人鱼比较类似，上半身是人，下半身是鱼，常年生活在水里，但是上岸也并不困难，而且还可以在岸上停留好几天。所以鲛人已经不是野兽，而是有语言可以交流的一种人类。鲛人心灵手巧，虽然生活在水里，但是可以纺织很精美的布，叫作绡，洁白如雪，很受岸上的人类欢迎。

鲛人还可以生产珍珠。据说有一只鲛人上岸卖绡，就借住在一户人家家里。过了几天，绡卖完了，鲛人临走前为了感谢主人家的收留与款待，就让主人家拿出一个盘子，对着它咳了几下，吐出一盘子珍珠。据说那时候经常有人去海底偷鲛人的珍珠，得手的人还挺多。这有可能是因为珍珠对于鲛人来说并不是珍贵的东西，因此也不看重，所以岸上的人才能够得手。

人魚

【图二】明·胡文焕图本

【图三】清·吴任臣图本

人魚狀如䱱魚四足音如嬰兒食之療痴出決決之水

154

【图四】清·汪绂山海经存本

【图五】明·蒋应镐绘图本

【图六】清·四川成或因绘图本

鹍 鹍——金乌后裔

《北山经》　　有鸟焉，其状如乌，首白而身青、足黄，是名曰鹍鹍（qū jū），其鸣自叫，食之不饥，可以已寓①。

【图一】清·禽虫典

注释：

① 寓：老年健忘症。

鹠鹠的传说

马成山属于北方第三列山系，位于龙侯山东北二百里处。山里有一种禽鸟，形状像一般的乌鸦，却长着白色的脑袋，青色的身子和黄色的爪子，名称是鹠鹠。它的叫声便是自身名称的读音，吃了它的肉能使人不再有饥饿的感觉，还可以治愈老年健忘症。

鹠鹠肉是个好东西，功效实在太强大了，吃了竟然不再有饥饿感，这和仙丹差不多了。因此有人说，吃了鹠鹠的肉可以辟谷。古人认为，人吃五谷杂粮，在肠中积结成粪，产生秽（huì）气，这会阻碍成仙的道路。因此要成仙就得不食五谷，吸风饮露，这就是辟谷。然而鹠鹠肉竟有这种功效，可见鹠鹠这种动物必定来历不凡。

鹠鹠应该是乌鸦的一种，而乌鸦在上古神话里有着举足轻重的地位。传说帝俊的十个太阳儿子，就是三足金乌，它们一起飞到天上肆虐，让地上的人们苦不堪言，后来被后羿射死九只，只留下一只在天上值班。死去的三足金乌，其中一只的尸体落在了马成山上。它体内的神力逐渐消散在山上，被这里的乌鸦所吸收。不过这些乌鸦虽然有了一些神力，却不会使用，甚至不知道自己有神力，只是被人吃掉后，这种神力才显现出来。

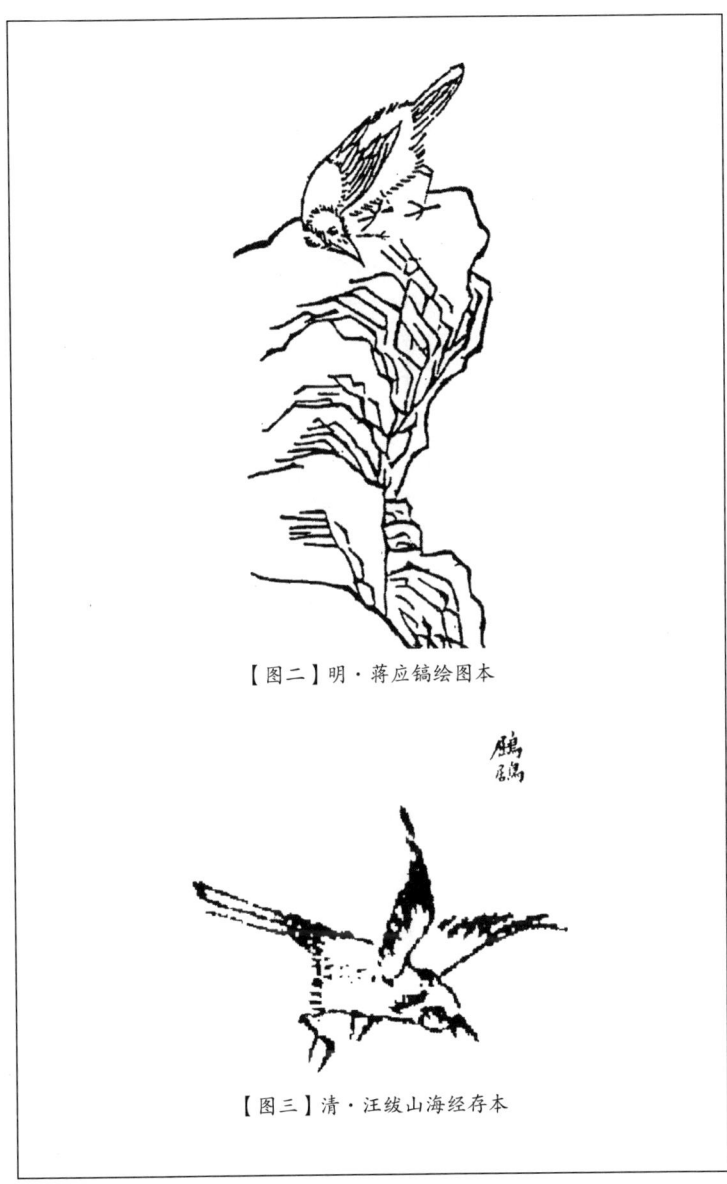

【图二】明·蒋应镐绘图本

【图三】清·汪绂山海经存本

象蛇——五彩野鸡

《北山经》　　　有鸟焉，其状如雌雉，而五采以文，是自为牝牡，名曰
　　　　　　　　象蛇，其鸣自叫。

【图一】清·禽虫典

象蛇的传说

天池山向东走三百里，就来到了阳山，阳山上多出产玉石，山下多金银铜铁。阳山上有一种野兽，叫作领胡，样子像牛，可以日行三百里。与领胡做邻居的是一种鸟，形状像雌性野鸡，浑身长着五彩斑斓的羽毛，能够自我繁殖而不需要交配，名称是象蛇，它的叫声就是自身名字的读音。

象蛇的名字很有迷惑性，顾名思义，人们就会以为它是一种蛇，其实它是一种鸟。之所以这样，是因为古人在给动物起名字的时候，大多采用谐音，也就是这种动物的叫声是什么，就把该叫声当作它的名字。象蛇也是如此。

象蛇的来历不简单，因为它是五彩鸟。《山海经》里的五彩鸟有三种，一种是凰鸟，一种是鸾鸟，一种是凤鸟。凤鸟与凰鸟后来合称凤凰，鸾鸟与凤鸟合称鸾凤，都是百鸟之王。象蛇也是五彩鸟的一种，由此推测它应该是这三种神鸟的后裔，有可能带有两种以上血统，是"混血儿"，所以不被重视。比如孟鸟虽然是一只三彩鸟，但因为它是凤鸟的后裔，就很受重视，而象蛇作为五彩鸟，虽然天赋非常不错，却只能做一只凡鸟。

【图二】清·四川成或因绘图本

——猪身鱼

《北山经》 　　其中有鲐（xiàn）父之鱼，其状如鲋鱼，鱼首而彘身，食
　　　　　　　之已呕。

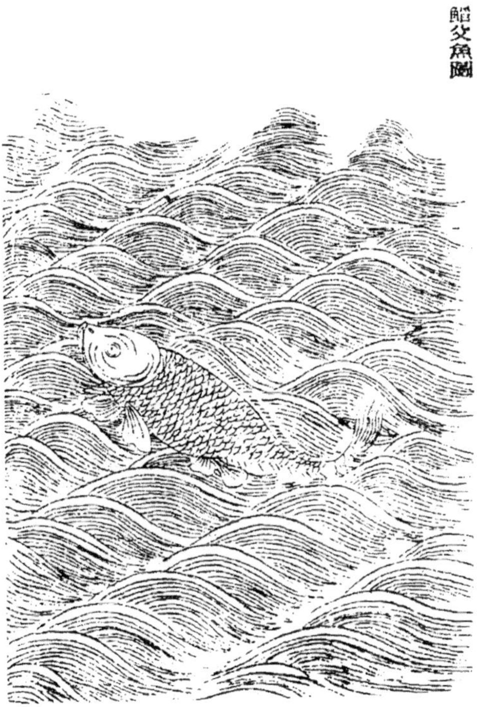

【图一】清·禽虫典

鲐父鱼的传说

　　阳山不但有样子像牛一样的领胡和五彩鸟的后裔象蛇，还有一种鱼，叫作鲐父鱼。留水从这座山发源，然后向南流入黄河。鲐父鱼就生活在留水里，它的形状像一般的鲫鱼，长着鱼头、猪身子，人吃了它的肉可以治愈呕吐。

　　其实鲐父鱼就是杜父鱼。杜父鱼又叫大头鱼，头大而扁，胸脊较大，像扇子，表皮通常没有鱼鳞。杜父鱼的长相其实也挺吓人，硕大的脑袋看起来像一颗人头，眼睛小而圆，塌下来的鼻子像极了人的鼻子，最吓人的是它的双瓣嘴，就跟人肿了的嘴唇一样。一般的鱼，无鳞的大多是黑色，有鳞的是银色，这杜父鱼身上却是白花花的肉色，很像被剥了皮的人脸。

　　杜父鱼主要分布在北半球的寒冷地区，栖息于江河湖泊的清澈水流中，常潜伏在石块和水藻下面，将头部朝向上游，并保持不动的姿态来寻求食物。一旦受到惊扰，它就立即迅速游动，逃至安全的水域。杜父鱼的种类有很多。欧洲和北美常见的是棘鳍杜父鱼。大西洋中常见的是短角杜父鱼和长角杜父鱼。太平洋中比较常见的是若鲉（yóu）杜父鱼，它的肉呈奇怪的蓝色和绿色，但是可以食用。

【图二】清·汪绂山海经存本

【图三】明·蒋应镐绘图本

165

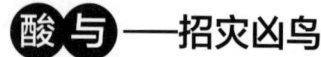

酸与——招灾凶鸟

《北山经》　　　有鸟焉，其状如蛇，而四翼、六目、三足，名曰酸与，

其鸣自叫，见则其邑有恐①。

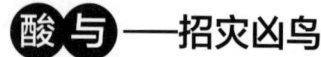

【图一】清·吴任臣图本

注释：

① 恐：让人恐慌的事情。

酸与的传说

教山再往南走三百里，就来到了景山，在山上向南可以望见盐贩泽，向北可以望见少泽。山里有一种禽鸟，形状像一般的蛇，却长有四只翅膀、六只眼睛、三只脚，名称是酸与，它的叫声便是自身名称的读音，相传它在哪里出现，哪里就会发生使人恐慌的事情。

这种鸟，很有可能就是秃鹫（jiù）。因为酸与很像蛇，而秃鹫裸露着光秃秃的脑袋，也有点像蛇。秃鹫可能是地球上最丑的鸟类了，而且它们还有食腐的习性，所以更是让人感到厌恶。但是秃鹫食腐，其实为净化环境做出了很大贡献。

秃鹫体长有一米二，翼展有两米多，羽毛主要为黑褐色，翅膀与尾巴的颜色更深一些，其最独特的外表特征就是长着光秃秃的脑袋。秃鹫的脑袋为什么会不长毛呢？据说是因为秃鹫以动物尸体为食，进食时难免要将头颈深入到死尸的腹中。如果头上有羽毛，就会粘附上污血和细菌，不易清洁。所以为了防止细菌感染，秃鹫的脑袋上就索性不长毛了。同时秃鹫长时间在高空盘旋，发现食物，必须急速俯冲到地面，这时体温会升高，而它裸露的头皮就帮了大忙，能让身体快速散热。

酸與狀如蛇而四翼六目三足
見則其邑有恐出景山

【图二】清·吴任臣图本

酸與

【图三】清·汪绂山海经存本

精卫——不屈之鸟

《北山经》　有鸟焉，其状如乌，文首、白喙、赤足，名曰精卫，其鸣
自叫。是炎帝之少女名曰女娃，女娃游于东海，溺而不
返，故为精卫，常衔西山之木石，以堙①于东海。

【图一】日本图本

注释：

① 堙（yīn）：填。

精卫的传说

神困（qūn）山再往北走二百里，就来到了发鸠山。发鸠山上生长着茂密的柘（zhè）树，山中有一种禽鸟，形状像一般的乌鸦，却长着花脑袋、白嘴巴、红足爪，名称是精卫，它的叫声就是自身名字的读音。

精卫原本是炎帝神农氏的小女儿，名字叫作女娃。有一次女娃到东海游玩，不小心淹死在东海里。女娃非常悲愤，不愿自己年轻的生命就这样魂飞魄散，于是变成一只精卫鸟。它非常痛恨淹死了自己的东海，因此常常衔西山的小石头、小树枝，投到东海里去，发誓要把东海填平。

一只像乌鸦那么大的小鸟，从西山衔了小石头、小树枝，填到广阔的东海里去，这种行为无疑很愚蠢，但这是它身为鸟类表达仇恨的唯一方式。虽是一种无力的复仇，却充满血性。据说炎帝不忍心看到女儿如此辛苦，同时也是为女儿报仇，就用神力填东海，填出现在的山东半岛和辽东半岛。

由于这种壮烈的行为，古人把精卫鸟当作追求理想和抱负的化身。精卫可以算是中国第一个悲剧女英雄，她不畏大海的浩瀚无情，为了拯救千千万万可能被大海继续夺去生命的人而不懈（xiè）奋斗，这种精神一直活在人们心里。

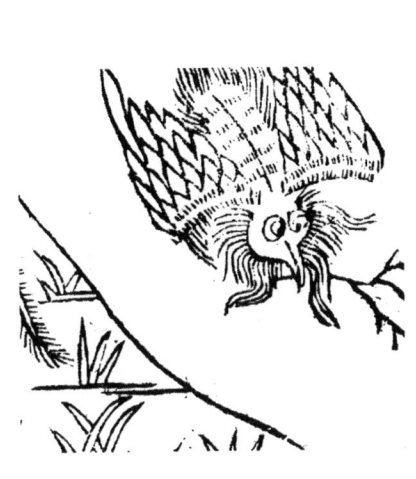

【图二】清·四川成或因绘图本

【图三】明·蒋应镐绘图本

精衛

【图四】明·胡文焕图本

精衛

【图五】清·汪绂山海经存本

172

𪄆鼠——短跑之王

《东山经》　　有鸟焉，其状如鸡而鼠尾，其名曰𪄆（zī）鼠，见则其邑
　　　　　　　大旱。

【图一】日本图本

蚩鼠的传说

蕾（lěi）山再往南走三百里，就来到了枸（xún）状山，山里有一种禽鸟，形状像普通的鸡，却长着老鼠一样的尾巴，名称是蚩鼠，在哪里出现，哪里就会发生大旱灾。蚩鼠其实就是现代的几维鸟。目前几维鸟只在新西兰生存。几维鸟的名字是因为它的叫声而来的，因为它们的鸣叫声非常尖锐，听起来特别像"几——维——"，所以被当地的毛利人叫作几维鸟。几维鸟有时也被译作希维鸟、凯维鸟或奇异鸟。

几维鸟的外形非常独特，羽毛细如发丝，主要呈黄褐色，带有深灰色和淡色横斑，看起来非常像狗毛。几维鸟由于翅膀退化，因此无法飞行，只能在地面上行走。因为不能飞行，要想躲避天敌，只能锻炼奔跑的本领，因此它特别善于奔跑。它的腿与其他大多数鸟类不同，位于身体的后方，短而粗壮，肌肉发达。几维鸟还有一个大长嘴，觅食时用尖嘴灵活地刺探，长嘴末端的鼻孔可以嗅出昆虫的位置，进而捕食。主要食物包括蚯蚓、蜘蛛等昆虫。它很容易受到惊吓，大部分活动都在夜间进行，以躲避袭击。几维鸟是新西兰的国鸟，特别受欢迎。但有可能在古代几维鸟在中国也有生存，就是《山海经》里记载的蚩鼠。

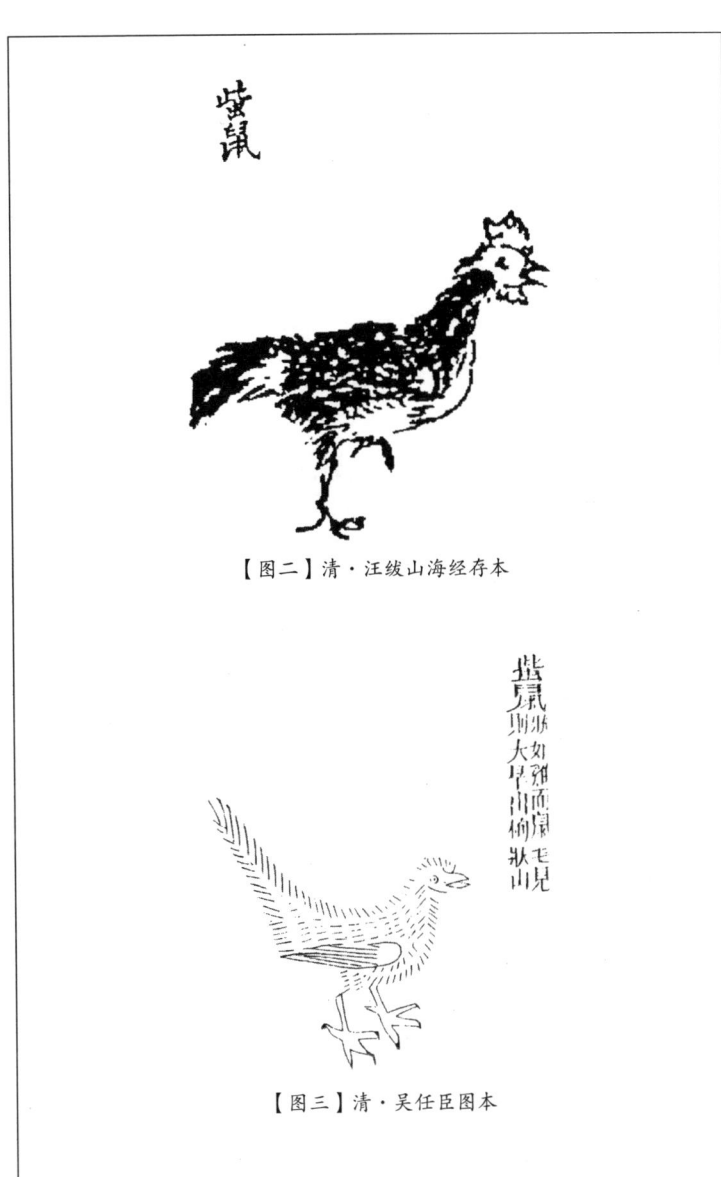

【图二】清·汪绂山海经存本

【图三】清·吴任臣图本

箴鱼——针头鱼

《东山经》　　其中多箴（zhēn）鱼，其状如儵，其喙如箴①，食之无
　　　　　　　疫疾。

【图】清·禽虫典

注释：

① 箴：同"针"。

箴鱼的传说

枸状山上不光有蚩鼠，还有很多箴鱼。氿（zhǐ）水从枸状山发源，向北流入湖水。这条河里有很多箴鱼，又叫作针鱼，是一种身体细长的淡蓝色的鱼，它的下颌向外突出，就像一根针，它因此而得名。箴鱼主要栖息于浅海、河口，有时候也在淡水中生活。据说吃了它的肉就不会染上瘟疫。

针鱼的跳跃能力特别强，经常跃出水面。针鱼在捕食的时候，先跃出水面，然后从上往下发动攻击。针鱼遇到海豚等捕食者的时候，也是跃出水面躲避追杀。在跃出水面之后，它们就可以用尾巴来行走，对于水下的鱼类来说，针鱼这段时间就变成隐身的了。

民间传说商朝末年，姜子牙准备投靠周文王。但他觉得自己超过半百之龄，又和周文王没有交情，很难获得赏识，于是在周文王回都途中，在河的一边用一根针来钓鱼。奇怪的是姜子牙不用鱼饵、鱼钩，反而钓到了很多鱼。周文王见到了，觉得这是个奇人，于是主动跟他交谈。谈着谈着发现这人是个有用之才，于是招入帐下。后来姜子牙帮助周文王和他的儿子推翻商纣统治，建立了周朝。也有人说，姜子牙当时不是用针钓鱼，其实是在钓"针"，即钓针鱼。

鯈鏽——发光蛇鱼

《东山经》   其中多鯈鏽（tiáo　yóng），其状如黄蛇，鱼翼，出入有光，见则其邑大旱。

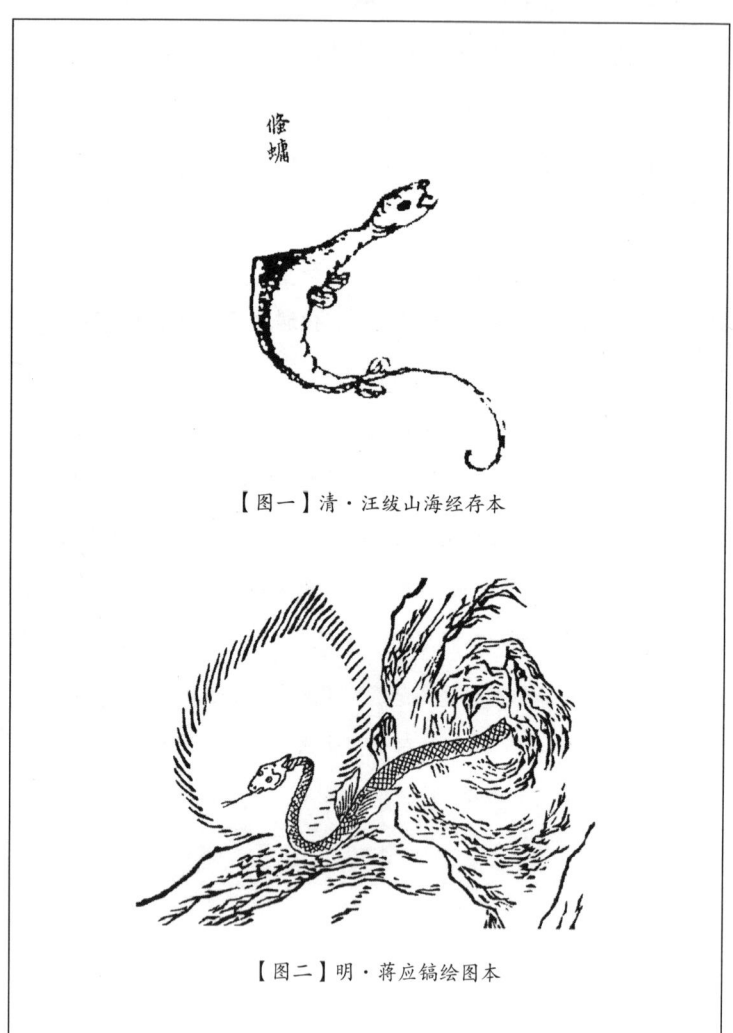

鯈
鏽

【图一】清·汪绂山海经存本

【图二】明·蒋应镐绘图本

儵蟒的传说

　　从犲（chái）山再往南走三百里，就来到了独山。独山上有丰富的金属矿物和玉石，山下多的是美观漂亮的石头。末涂水从这座山发源，然后向东南流入沔（miǎn）水。水中有很多儵蟒，形状与黄蛇相似，长着鱼一样的鳍，出入水中时闪闪发光，它在哪个地方出现，哪里就会发生大旱灾。

　　从《山海经》对儵蟒的描述来看，它应该是一种会发光的鱼。在水下世界里，无论是无边无际的海中，还是万米深渊的海底，或者是星星点点的河流湖泊里，都有形形色色、光怪陆离的发光鱼类生活着，它们让整个水下世界变成了奇妙的"海底龙宫"。

　　事实上，发光的鱼种类繁多，在深海里有近二分之一的鱼类具备自身发光的本领。这些鱼类发光的作用主要有四种，一是诱捕食物，二是吸引异性，三是种群联系，四是迷惑敌人。发光是一种很独特的本领，这些鱼类的发光器之所以能够发光，是由一种特殊酶的催化作用引起的。发光的荧光素被荧光酶催化，于是吸收能量，变成氧化荧光素，释放出光子而发出光来。

　　但是儵蟒到底是现在的哪一种发光鱼，或者是哪种已经灭绝的鱼类，已经无法确定。至于只是因为这种鱼可以发光，人们就把它和火灾联系在一起，这也算是无稽之谈吧。

鯥魚狀如牛陵居蛇尾有翼則
大旱出末達之水

怪蜧蛇狀振翼飄

光憑波騰近出入

江村見則為旱

是謂火芹

【图三】清·郝懿行图本

【图四】清·四川成或因绘图本

180

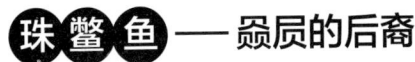 **珠蟞鱼 —— 颛顼的后裔**

《东山经》　　其中多珠蟞鱼，其状如肺而有目，六足有珠，其味酸甘，食之无疠①。

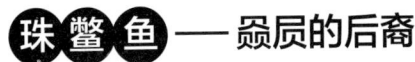

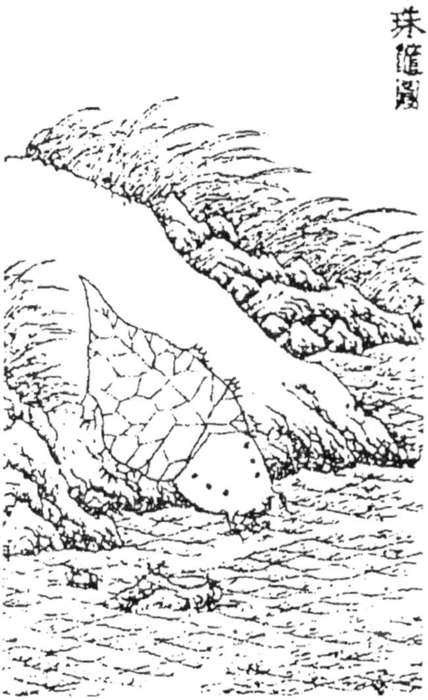

【图一】清·禽虫典

注释：

① 疠（lì）：瘟疫。

珠鳖鱼的传说

从葛山的尾端再往南走三百八十里，就到了葛山的首端。这里没有花草树木，澧（lǐ）水从此处发源，向东流入余泽。水中有很多珠鳖鱼，形状像一叶肺器官，却有四只眼睛、六只脚，而且能吐珠子，这种珠鳖鱼的肉酸中带甜，人吃了就不会染上瘟疫。

珠鳖鱼其实是鳖的一种。关于鳖，有很多神话传说，比如龙伯东海钓鳖、女娲用鳖腿补天等，但是珠鳖鱼和它们不同，不像它们那样拥有巨大的体型。不过，珠鳖鱼个头虽小，却也有独门绝技，就是会吐珠子。

有一种说法认为，鳖其实就是赑屃（bì xì）。赑屃是上古神话传说中龙生的九子之一，又名霸下，形似龟，喜欢负重，长年累月地驮载着石碑。传说赑屃在上古时代常驮着三山五岳，在江河湖海里兴风作浪。后来大禹治水时收服了它，它服从大禹的指挥，推山挖沟，疏通河道，为治水做出了很大贡献。洪水平息之后，大禹担心赑屃又到处撒野，便搬来顶天立地的特大石碑，上面刻上赑屃治水的功绩，叫赑屃驮着，让沉重的石碑压得它不能随便行走。

赑屃和龟虽十分相似，但细看有差异。赑屃有一排牙齿，而龟类没有，赑屃和龟类背甲上甲片的数目和形状也有差异。赑屃又称龙龟，是长寿和吉祥的象征。它总是奋力地昂着头，四只脚顽强地撑着，稳步向前走，从来不停步。

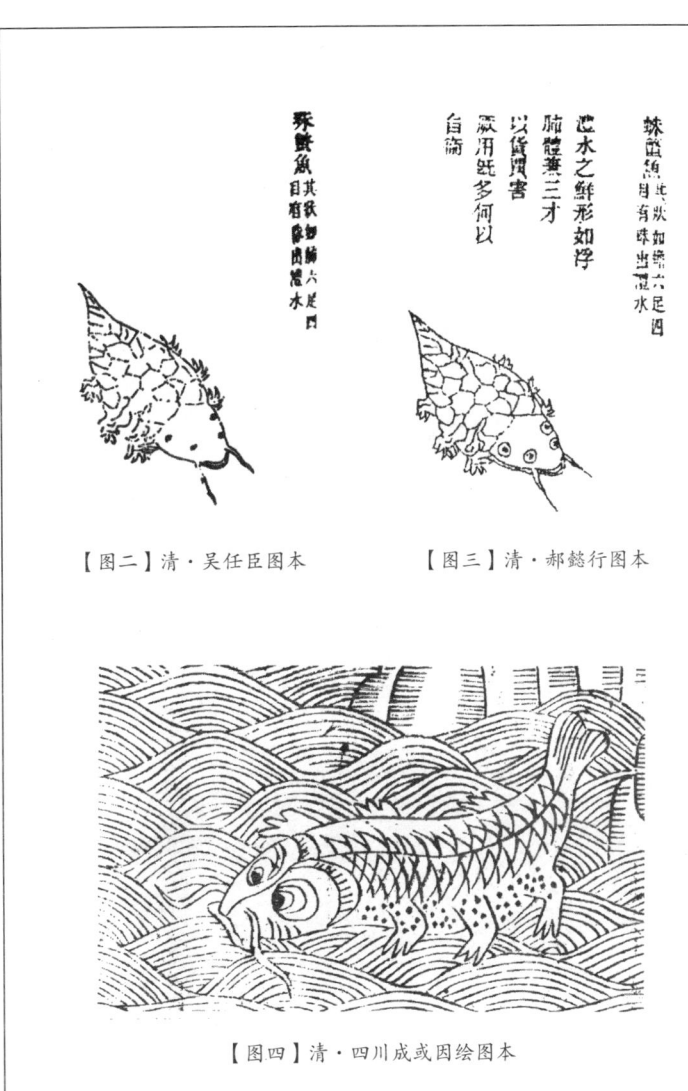

蜼蛭魚，其狀如鰼，六足四
目，有珠出濕水

濕水之鮮形如浮
肺臆塞三才
以貨貿害
厥用紙多何以
自濟

乔鮏魚其狀如鰼六足四
目有珠出濕水

【图二】清·吴任臣图本　　　　【图三】清·郝懿行图本

【图四】清·四川成或因绘图本

183

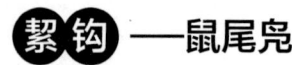 **絜钩**——鼠尾凫

《东山经》　　有鸟焉，其状如凫而鼠尾，善登木，其名曰絜（xié）
　　　　　　　钩，见则其国多疫。

【图一】日本图本

184

絮钩的传说

凫丽山再往南走五百里，就到了碪（zhēn）山。碪山的地势非常好，南面临近碪水，从山上向东可以望见湖泽。碪山中生活着一种禽鸟，名称是絮钩，形状像野鸭子，身后却长着老鼠一样的尾巴，擅长攀缘树木。絮钩是一种凶鸟，它在哪个国家出现，哪里就多次发生瘟疫。

絮钩其实就是针尾鸭，是野鸭的一种。针尾鸭的尾巴中央有两根尾羽特别长，呈绒黑色，并且泛着铜绿色的光，因此被叫作针尾鸭。而针尾鸭的长尾巴看起来也像老鼠尾巴。针尾鸭的性格胆怯而机警，白天多隐藏在有水的芦苇丛中或远离岸边的水面，黄昏和夜晚才到水边浅水处觅食，稍有动静，就会立即飞离。

针尾鸭一类的野鸭经常生活在水中，为什么羽毛不湿呢？原来鸭子的尾部有一个很大的脂肪腺，叫尾脂腺；它的胸部还能分泌一种含脂肪成分的粉状角质薄片。平时，它经常用嘴把尾脂腺分泌的脂肪和胸部分泌的粉状角质薄片涂擦在羽毛上，因此它入水时羽毛不会沾水。而且它的羽毛很轻，有利于身体漂浮在水面上。

野鸭在很早之前就已经被驯服饲养了。在春秋战国时期，鸭已经成为我国三大家禽（鸡、鸭、鹅）之一，在两汉时期，全国绝大部分地区都有家鸭的分布。

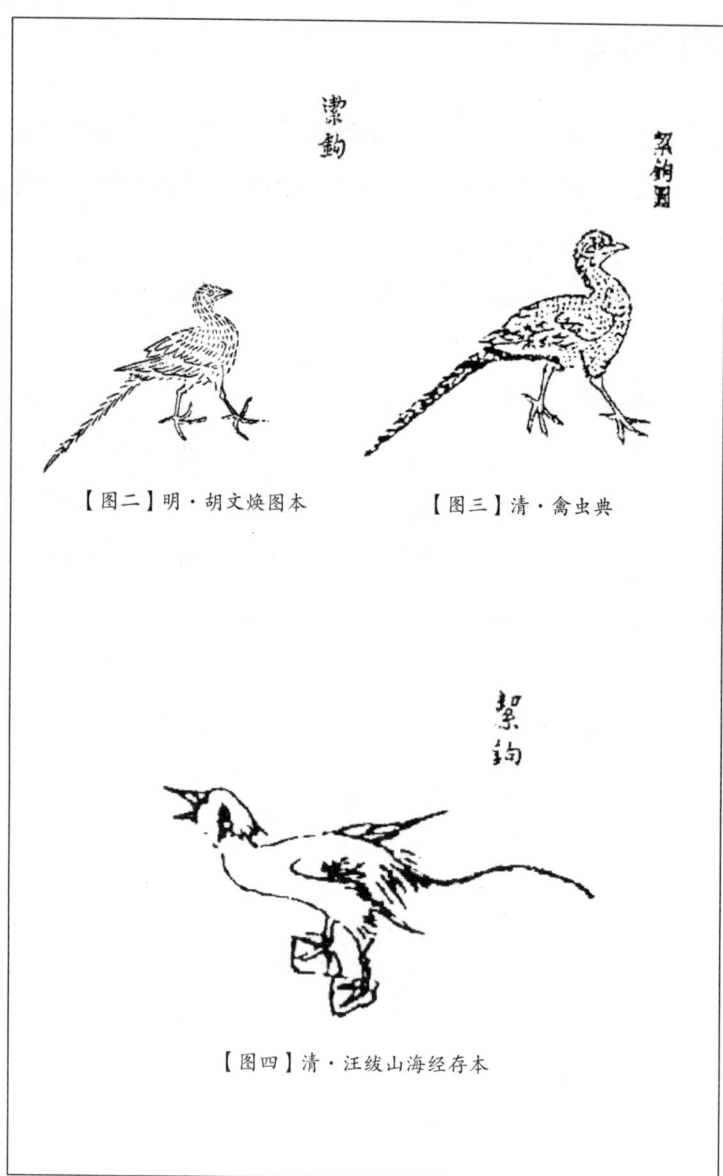

【图二】明·胡文焕图本　　　　【图三】清·禽虫典

【图四】清·汪绂山海经存本

【图五】明·蒋应镐绘图本

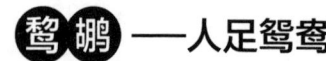 ——人足鸳鸯

《东山经》   其中多鸳鹕（lí hú），其状如鸳鸯而人足，其鸣自讥^①，

见则其国多土功^②。

【图一】清·汪绂山海经存本

注释：

① 讥（jiào）：古同"叫"，大声呼叫，鸣叫。

② 土功：官府强制发起的挖河道、修水渠、建城邑等水土工程的劳役。

鸳鹋的传说

耿山再往南走三百里，就来到了卢其山。这里不生长花草树木，到处是沙子石头。沙水从这座山发源，向南流入涔（cén）水，水中有很多鸳鹋，形状像一般的鸳鸯，却长着人一样的脚，叫声是它自身名字的读音，相传，它在哪个国家出现，哪个国家就会有水土工程的劳役。

在《山海经》中，柜山的狸力和鸳鹋一样，也喜欢掘土。它们除了是不同的物种外，长相有点相似，脾气、秉性、兴趣爱好都很合拍。所以每到改朝换代的时候，不管是国家因战败而化成一片废墟（xū），还是因建国初期需要建造宫殿，鸳鹋就会和狸力一起大量出现，也因此，老百姓将它们称之为"灾星"和"难星"。

传说秦始皇在统一六国的过程中，很喜欢六国的宫殿，每当灭掉一个国家后，他都让人将这个国家的宫殿画下来，然后在咸阳照图样一一仿造出来。等全国统一了，他还想造一个更大的苑囿（yòu），西起雍、陈仓①，东面延伸到函谷关②。在此期间，关中的百姓开始频繁地看到鸳鹋和狸力的身影。于是人们以为是它们带来了劳役，只要一见到，就驱赶杀害它们。就这样，鸳鹋和狸力在人们的追杀中几乎灭绝了。

注释：

① 雍、陈仓：分别是现在的陕西凤翔和宝鸡地区。

② 函谷关：现在的河南灵宝市一带。

【图二】明·蒋应镐绘图本

鲐鲐鱼——三栖明星鱼

《东山经》 有鱼焉，其状如鲤，而六足鸟尾，名曰鲐（há）鲐之
鱼，其名自叫。

【图一】清·禽虫典

鲐鲐鱼的传说

孟子山再往南行五百里水路，经过流沙五百里，有一座山，叫作跂踵（qǐ zhǒng）山。跂踵山是一座很奇怪的山，按说这里气候湿润，水分充足，但整座山方圆二百里寸草不生，只有一种大蛇在这里栖息。据说，跂踵山之所以如此荒凉，是因为一种叫作跂踵的灾鸟造成的。据说曾经有大群的跂踵鸟在这里长久停留，肆意破坏草木，虽然最终被青耕鸟赶走了，但跂踵山已经被糟蹋得不像样，再也无法恢复原样了。

跂踵山还有一个叫作深泽的湖，方圆四十里，水中有一种动物叫作蠵（xié）龟。这里的蠵龟并不是现代的海龟蠵龟，而是古代的一种灵龟，其龟甲可以用来占卜，又因为其龟甲有光彩，所以也常常被用来装饰器物。

深泽里还生长着一种鱼，形状像一般的鲤鱼，却有六只脚和鸟一样的尾巴，名称是鲐鲐鱼，发出的叫声便是它自身名字的读音。鲐鲐鱼其实就是现在的绿鳍鱼，也叫作绿翅鱼。这种鱼类长着鲜艳蓝绿的背、雪白的肚皮、红褐色的腰身，美丽多姿，尤其是其腮部下方有一对色彩斑斓、闪着绿色荧光的大"翅膀"，更令人惊艳，因此被人叫作"绿翅鱼"。绿翅鱼的"翅膀"下生有六个独立的鳍，仿佛芭蕾舞演员的脚一般纤细婀娜，依靠它们，绿翅鱼可以在海底优雅地漫步，也可以在水中潇洒地畅游，还可以在空中"飞翔"。当它冲出水面，展开双翅，就可以在空中滑翔了。

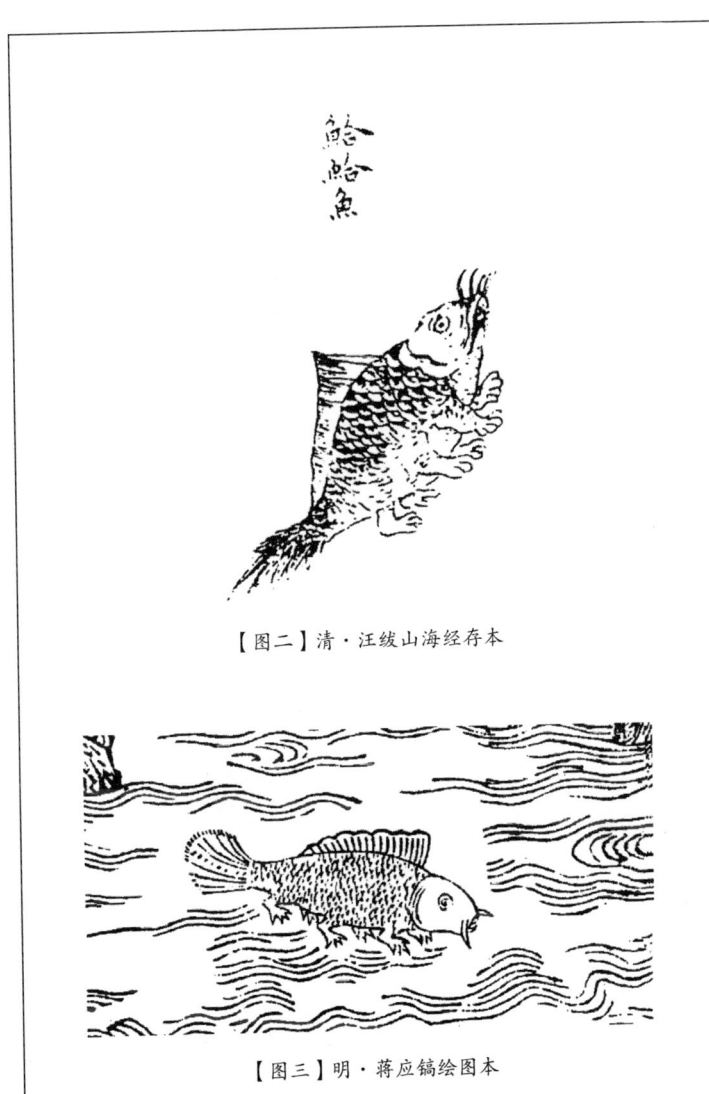

【图二】清·汪绂山海经存本

【图三】明·蒋应镐绘图本

鮯魚

【图四】明·胡文焕图本

鮯鮯魚狀如鯉六足
鳥尾出䔲澤

鮯鮯所潛
厥身無限

【图五】清·毕沅图注原本

194

𪁋雀——白首虎爪鸡

《东山经》　有鸟焉，其状如鸡而白首，鼠足而虎爪，其名曰𪁋（qí）雀，亦食人。

【图一】清·禽虫典

魃雀的传说

东方第四列山系之首座山，叫作北号山。山中有一种禽鸟，形状像普通的鸡，却长着白脑袋、老鼠一样的脚足和老虎一样的爪子，名称是魃雀，是会吃人的鸟。北号山中生活着很多像魃雀一样的鸟，由于这种鸟是食人怪鸟，因此一直被人类捕杀，几乎灭绝了，剩下的小部分也藏进了深山老林，不敢露面。但是到了饥馑①之年，人们顾不上它们的时候，它们还会偷偷出来吃人。史书上记载魃雀最后一次露面，是在明朝崇祯年间。

公元1637年至公元1643年，中国发生了一场特大旱灾。其持续时间之长、受灾范围之大，是那时代少有的，南、北方先后有二十多个省遭受严重旱灾。灾情最先出现在华北和西北地区，接着向南扩大到皖、苏等省。各省禾苗尽枯，庄稼绝收，瘟疫流行，蝗灾猖獗（chāng jué）。山西汾水、漳河均枯竭。河北九河俱干，白洋淀涸。

这种环境，正是魃雀所喜欢的环境，于是幸存的魃雀都一窝蜂地跑出来吃人。没想到的是，这时候的人们都饿红了眼，见什么吃什么，魃雀不但没有吃到人，反而几乎被人类吃光了。据史书上记载，那时候出现的魃雀兔头、鸟身、鼠足，和上古时期的魃雀已经有了一些差别。据说，它们肉味鲜美，但骨头有剧毒，人吃了会中毒而死。

注释：

① 饥馑（jǐn）：五谷收成不好叫"饥"，蔬菜和野菜吃不上叫"馑"。

196

【图二】清·四川成或因绘图本

【图三】明·蒋应镐绘图本

鳛鱼——大头鲤

《东山经》　　其中多鳛（qiū）鱼，其状如鲤而大首，食者不疣。

【图一】清·四川成或因绘图本

198

鲭鱼的传说

北号山再往南走三百里，就到了旄（máo）山，这里寸草不生。苍体水从这座山发源，然后向西流入展水，水中生长着很多鲭鱼，形状像鲤鱼，头长得很大，吃了它的肉就能使人皮肤上不生疣子。这种鲭鱼其实是鲤鱼的一种。鲤鱼是中国人非常喜欢的一种鱼，孔子甚至给自己的儿子起名叫孔鲤。

春秋时期，鲁国贵族季平子与郈（hòu）昭伯斗鸡，郈昭伯耍阴招，在鸡爪子上套铁爪子赢了季平子。季平子很生气，于是这两个贵族就开始械斗。郈昭伯与国君鲁昭公私交甚好，季平子与国君的关系紧张，因为他的势力非常大，已经威胁到国君的地位。于是郈昭伯借故向国君举报季平子，鲁昭公趁机发难，准备派兵攻打季平子的封地。结果季平子起兵反抗，鲁昭公打不过，只好逃到晋国，郈昭伯也被杀死了。这就是由一次斗鸡引发的战争。鲁昭公在位的时候，很尊敬孔子，孔子的儿子出生后，鲁昭公还赐下一尾鲤鱼。孔子很感动，就给自己的儿子取名叫作孔鲤。

在唐朝之前，鲤鱼是中国最主要的淡水食用鱼。但由于唐朝的皇帝姓李，出于避讳[1]，不让百姓捕捉鲤鱼，于是民间开始食用草鱼、青鱼、鲢鱼和鳙鱼，它们就成了中国的四大家鱼。

注释：

[1] 避讳：古时候对于君主和尊长的名字，必须避免直接说出或写出。

【图二】明·蒋应镐绘图本

茈鱼——十爪乌贼

《东山经》　　泚（cǐ）水出焉，而东北流注于海，其中多美贝，多茈（zǐ）鱼，其状如鲋，一首而十身，其臭如麋芜^①，食之不糟^②。

【图】清·汪绂山海经存本

注释：

① 麋（mí）芜：古书上说的一种小草。

② 糟（pì）：同"屁"，放屁的意思。

茈鱼的传说

旄山再往南走三百二十里，就到了东始山，山上多出产苍玉①。山中有一种树木，形状像一般的杨树，却有红色纹理，流出的汁液像血，不结果实，名称是芑（qǐ），把它的汁液涂在马身上就可使马驯服。泚水从这座山发源，然后向东北流入大海。水中有许多美丽的贝，还有很多茈鱼，其形状像一般的鲫鱼，却长着一个脑袋、十个身子，气味与蘼芜草相似，人吃了就不放屁。

茈鱼与谯明山的何罗鱼样子很相似，但并不是同一种鱼。根据描述，它很可能是乌贼。乌贼有十条腕，通常用来捕食，它们左右对称排列，背部正中央为第一对，依次向腹部排列。其中第四对最长，又叫作触腕，也就是捉足。乌贼身体扁平柔软，非常适合在海底生活。它平时在海底做波浪式的缓慢运动，一遇到敌人，就以每秒十多米的速度迅速逃离。而且相比逃走的速度，它捕猎的速度更是快得惊人。

除此之外，乌贼还是水中的变色能手，其体内聚集着数百万个红、黄、蓝、黑等色素细胞，可以在一两秒钟内做出反应，通过调整体内色素囊的大小来改变自身的颜色，以便适应环境、逃避敌害。乌贼的体内有一个墨囊，里面装满浓黑的墨汁，在遇到敌人无法逃脱时，就会迅速喷出，将周围的海水染黑，从而掩护自己逃生。

注释：

① 苍玉：青绿色的玉石。

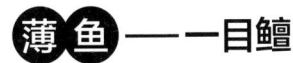 薄鱼——一目鳣

《东山经》　　　其中多薄鱼，其状如鳣鱼而一目，其音如欧^①，见则天下
大旱。

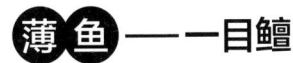

【图一】清·禽虫典

注释：

① 欧（ǒu）：同"呕"字，呕吐的意思。

203

薄鱼的传说

东始山再往东南走三百里，就到了女烝（zhēng）山，这座山草木不生。石膏水从这座山发源，然后向西流入帰（gé）水。石膏水中有很多薄鱼，形状像一般的鳝鱼，却长着一只眼睛，叫声如同人在呕吐，它一出现天下就会发生大旱灾。还有人说它是谋反的征兆，一出现就会有谋反之事发生。

据传在远古时代，长臂国和讙（huān）头国比邻而居。长臂国的国民手臂很长，能伸到海水里去抓活鱼，自以为了不起。但讙头国的人能驾着挂有风帆的独木舟去捕鱼，比长臂国的人本领大得多了。后来讙头国也教给了长臂国划船的本领。但是长臂国的人还不知足，想得到讙头国造船做帆以及织网的技术，于是就用他们的长臂，把河道封锁了，以此要挟（xié）讙头国的人教他们这些技能，否则就不让其过河。讙头国的人来历很不简单，他们是帝尧长子丹朱的后代，还是有一些本领的。他们见长臂国的人这样贪婪，就施展法力，让长臂国的人遗忘了怎样驾船捕鱼。

从此以后，长臂国的人再去捕鱼时，必须与长股国的人一起合作，由长股国的人背在背上，蹚（tāng）进海中捕鱼，效率低了好多。而且讙头国的人还把长臂国的人经常捕捉的一种鱼，也就是薄鱼的叫声，变成人们呕吐的声音，以表示长臂国的贪心，让鱼都感到恶心。而长臂国的人为了生存，还不得不去捕捉这种鱼。

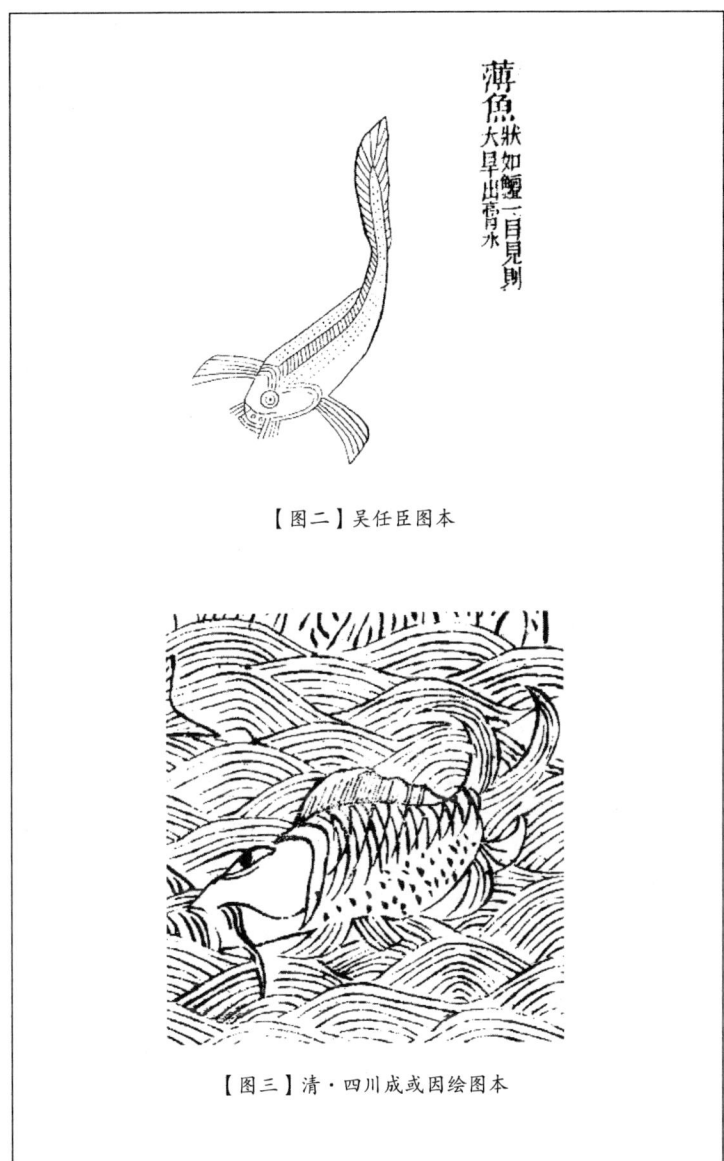

薄魚狀如鱣一目見則大旱出彭水

【图二】吴任臣图本

【图三】清·四川成或因绘图本

薄鱼

象之
躍淵
是維
災候

【图四】清·汪绂山海经存本　　　【图五】上海锦章图本

【图六】明·蒋应镐绘图本

鹅——青身朱目凫

《中山经》　　其中有鸟焉，名曰鹅（yǎo），其状如凫，青身而朱目赤
　　　　　　　尾，食之宜子①。

【图一】明·蒋应镐绘图本

注释：

① 宜子：使人多生孩子。

207

鸁的传说

从敖岸山再往东走十里，就到了青要山，这座山是天帝在人间的住所之一。山中生长着一种草，形状像兰草，却长着四方形的茎、干黄色的花朵、红色的果实，根部像藁本的根，名称是荀草，服用它就能使人的肤色洁白漂亮。神女武罗担任青要山的山神。这位山神长着人的面孔，却浑身长着豹子一样的斑纹，细小的腰身、洁白的牙齿，而且耳朵上穿挂着金银环，像玉石碰击一样叮叮作响。据说青要山非常适宜女子居住。

畛（zhěn）水从青要山发源，然后向北流入黄河。畛水里生活着一种禽鸟，名称是鸁，形状像野鸭子，青色的身子、浅红色的眼睛、深红色的尾巴，吃了它的肉就能使人多生孩子。鸁又叫作鱼鸁，但与蔓联山的鸁不是同一种鸟，而是一种鸬鹚（lú cí）。鸬鹚擅长游泳和潜水，游泳时颈脖向上伸直，头微向上倾斜，潜水时首先身体半跃出水面，再翻身潜入水下。但是鸁不同于一般的鸬鹚，它已经不会飞了。

鸬鹚在水边岩石上或树上休息，呈垂直坐立姿势，并不时扇动着翅膀。这种鸟需要花费很多时间在水中，但它们不像其他海鸟那样能分泌防水油，所以必须花很长时间晒干自己的翅膀。在中国很多地方，人们称鸬鹚为乌鬼，以形容这种鸟有着高超的捕鱼本领。在我国，很早就有人驯养鸬鹚来捕鱼了。

鷈

【图二】明·胡文焕图本

 **駅鸟——三眼枭**

《中山经》 　　其阴①有谷，曰机谷，多駅（dì）鸟，其状如枭而三目，有
　　　　　　　耳，其音如录，食之已垫②。

【图一】清·四川成或因绘图本

注释：

① 阴：古人称山的北面、水的南面为阴面；山的南面、水的北面为阳面。

② 垫：湿气病。

鸱鸟的传说

　　苟（gǒu）林山往东走二百里，就到了首山。相传天下名山一共有八座，首山就是其中之一。首山是黄帝经常流连的地方。首山的铜质量非常好，因此黄帝就在此建造了炉子来炼铜。相传黄帝与蚩尤大战的时候，对怎么对付蚩尤很是犯愁，因为蚩尤铜头铁额，寻常的兵器根本伤不了他。于是黄帝就在首山铸造了一把轩辕剑，用它杀死了蚩尤。黄帝在首山除了采铜铸造轩辕剑，还铸造了中国历史上第一座鼎。据传鼎被铸造出来之后，黄帝就被龙接上天去了。

　　首山的北面有一个峡谷，叫作机谷，峡谷里有许多鸱鸟，形状像猫头鹰却长着三只眼睛，还有耳朵，叫声如同鹿鸣，人吃了它的肉就会治好湿气病。鸱鸟应该就是一种体型比较大的猫头鹰雕鸮。雕鸮的眼睛上方有一块大型黑斑，看起来像第三只眼睛。

　　雕鸮体形硕大，体长将近一米，主要以各种鼠类为食，但它的食物很广，几乎包括所有能够捕捉到的动物，小到甲虫、鸟类等小动物，大到狐狸、豪猪、野猫、小鹿等兽类。它栖息地的其他鸟类，例如乌鸦、野鸭、松鸡也常常是它的点心。它偶尔也会捕食苍鹰、雕，以及其他猫头鹰等猛禽。总之，这是一种在夜间出没的凶悍猛禽。

【图二】清·汪绂山海经存本

【图三】明·蒋应镐绘图本

吠鳥
狀如梟
而三目
有耳出
首山之
機谷

【图四】上海锦章图本

鸰鹞——长尾山鸡

《中山经》　　又其中有鸟焉，状如山鸡而长尾，赤如丹火而青喙，名
　　　　　　　曰鸰鹞（líng yào），其鸣自呼，服之不眯。

【图一】清·禽虫典

鸰鹕的传说

缟羝（gǎo dī）山再往西走十里，就到了庬（guī）山。山中有一种禽鸟，形状像野鸡，却拖着一条长长的尾巴，身子通红如火，嘴壳却是青色的，名称是鸰鹕，它的叫声便是自身名字的读音，吃了它的肉就能使人不做噩梦。

鸰鹕这种鸟，应该就是咬鹃。咬鹃是一种非常古老的鸟类，没有现存的近亲。它的皮肤非常脆弱，而且羽毛也很容易被破坏，即使用手轻轻触碰也可能会导致其羽毛脱落。咬鹃是生活在美洲森林和林地最原始的鸟类之一，它主要的食物是昆虫和其他小型动物，也吃果实。

凤尾绿咬鹃，是咬鹃中最漂亮的一种，也是尾巴最长、个头最大的一种。凤尾绿咬鹃分布于墨西哥南部、尼加拉瓜、哥斯达黎加和巴拿马等地，栖息于森林地带，以昆虫为食，也吃植物果实等。凤尾绿咬鹃从未被人类驯服过，总是在被捕捉到之后很快死去，出于这个原因，人们把它看作是自由的象征。凤尾绿咬鹃在美洲文明中有着重要地位，在古代玛雅和阿兹特克文明中，只有国王和高级祭司才能佩戴凤尾绿咬鹃翡翠般的尾羽。凤尾绿咬鹃也是玛雅和阿兹特克文明中羽蛇神的化身，象征着天国与灵魂。

【图二】清·汪绂山海经存本

【图三】明·蒋应镐绘图本

216

修辟鱼——白喙蟾

《中山经》　　其中多修辟之鱼，状如黾[1]而白喙，其音如鸱，食之已白癣。

【图一】清·禽虫典

注释：

① 黾（měng）：古书上说的一种蛙。

修辞鱼的传说

　　从傅山往西走五十里，就到了橐山。山中的树木大多是臭椿树，还有很多构树。山南面有丰富的金属矿物和玉石，山北面有丰富的铁，还有茂密的蒿草。橐水从橐山发源，然后向北流入黄河。水中有很多修辟鱼，形状像蛙却长着白色嘴巴，叫声如同鹞鹰鸣叫，人吃了它的肉就能治愈白癣病。

　　修辟鱼应该是青蛙的一种。在传统神话故事里，有一个关于金蟾的故事，其中有一个版本是这样的：湖南常德城内的丝瓜井里住着一只金蟾，它日夜修炼，想要修成正果。有个年轻人叫作刘海，就住在井旁，家贫如洗，但为人厚道，非常孝顺母亲，靠上山砍柴卖钱来维持生活。山里有只修炼成精的狐狸叫作胡秀英，很喜欢刘海的淳朴，就主动追求刘海并与他成亲。婚后，胡秀英觉得自己已经修炼成精，拥有不老之身，而刘海还是凡胎肉体，为了与刘海长相厮守，于是就把主意打到金蟾身上。胡秀英吐出一粒白珠，给刘海做诱饵，在丝瓜井里垂钓。这粒白珠是胡秀英修炼千年的妖丹，金蟾要是咬到它就可以飞升上天。于是那只金蟾咬钩而起，刘海夫妻就乘势骑上蟾背，纵身一跃，一起羽化登仙去了。

【图二】清·汪绂山海经存本

鲐鱼——雷神之鳞

《中山经》 其中多鲐（lún）鱼，黑文，其状如鲋，食者不睡。

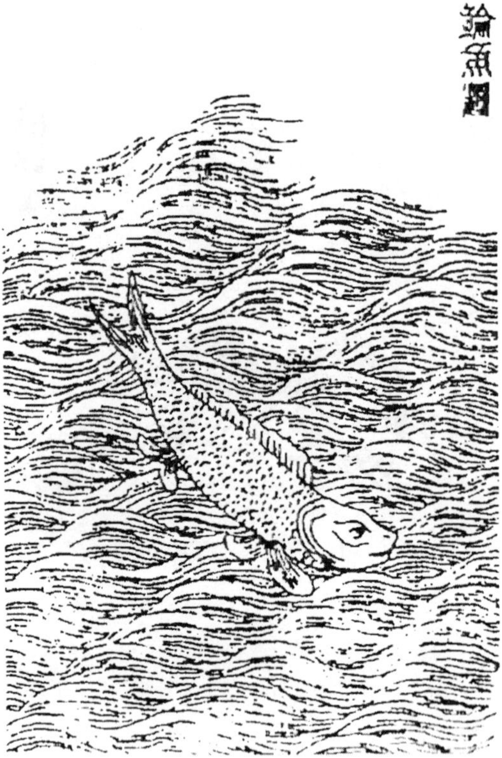

【图一】清·禽虫典

鮆鱼的传说

大苦山往东走七十里，就到了半石山。山上有一种草，叫作嘉荣草，刚出土发芽就开始结实，据说吃了它就不怕打雷。据说这种嘉荣草跟雷神有关。

传说黄帝跟蚩尤的战争旷日持久，蚩尤的军队非常强悍，黄帝一方有点抵挡不住。于是黄帝就想了一个主意，杀死异兽夔（kuí）牛，用它的皮做了一面鼓，来鼓舞士气。但是这面鼓不是寻常的鼓槌（chuí）能够敲响的，黄帝于是想用雷神的骨头做一根鼓槌。雷神就住在雷泽，长得异常高大，人头龙身，拍打一下肚子就会发出雷声。于是，黄帝派出大量人马，费尽艰难终于抓住雷神，然后抽出雷神身体里最大的一根骨头，做了一根鼓槌。受伤的雷神就被扔在半石山，这里的草被雷神的血浸染，就变成了嘉荣草。

半石山是来需水的发源地。来需水从这里向西流入伊水，水中生长着很多鮆鱼，浑身长满黑色斑纹，形状像普通的鲫鱼，人吃了它的肉精神特别好，可以不睡觉。鮆鱼和雷神有些渊源。雷神的模样是人首龙身，身上有很多鳞片，他受伤后鳞片散落在水里，就变成了鮆鱼。

【图二】清·四川成或因绘图本

【图三】明·蒋应镐绘图本

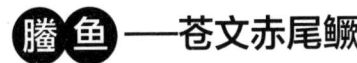

螣鱼——苍文赤尾鳜

《中山经》　　合水出于其阴，而北流注于洛，多螣（téng）鱼，状如鳜（guì），居逵①，苍文赤尾，食者不痈，可以为瘘②。

【图】清·汪绂山海经存本

注释：

① 逵（kuí）：这里指水底的洞穴。

② 瘘（lòu）：瘘疮。

螣鱼的传说

有一条河也是从半石山发源的，就是合水。合水从这里向北流入洛河。合水里有很多螣鱼，其形状就像鳜鱼，栖息在水底的洞穴中，身上带有青色的斑纹，长着一条红色尾巴，人吃了它的肉可以不患痈肿，还能够治好瘘疮。

螣鱼也不是原本就在合水里生活着的，它跟鳌有些渊源。上古时候，火神祝融和水神共工之间发生了一场大战，打输的共工内心不忿（fèn），就把天地之间的支柱不周山给撞断了。后来幸亏女娲用五彩石把天补好了。天是补好了，但是天地之间的支撑还是没着落。女娲听说在东海住着一种巨鳌，体型非常庞大，身体异常结实，它们一直驮着不知道有多高的五座仙山，从来没有出过差错，就想用它们来做支撑天的柱子。女娲飞到东海逮着一只巨鳌，几下子斩下它的四脚，当作四根柱子把倒塌的半边天支撑起来。

可怜的巨鳌，实在是命运悲催，先是被天帝抓去服劳役，在东海托仙山，后来有几个兄弟被龙伯人抓去打了牙祭，现在更是莫名其妙地被女娲斩下了四条腿。幸好，女娲心地善良，知道巨鳌无辜，就费了很多心思保住它的性命，用补天剩下的五彩石给它做了一条尾巴，然后把它放养在半石山中。这只巨鳌的子孙后代就是螣鱼，它们一直生活在半石山下的合水里。

窃脂——好盗脂膏

《中山经》 　　有鸟焉，状如鹗而赤身白首，其名曰窃脂，可以御火[1]。

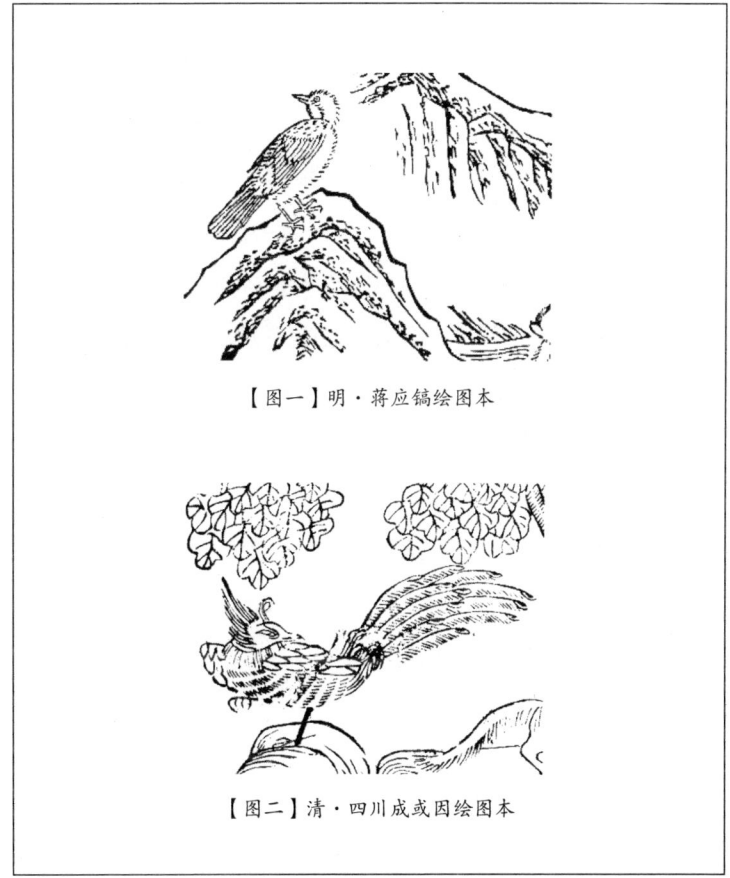

【图一】明·蒋应镐绘图本

【图二】清·四川成或因绘图本

注释：

[1] 御火：防御火灾。

窃脂的传说

崃（lái）山再往东一百五十里，是崌（jū）山。山中有一种禽鸟，名字叫作窃脂，看上去像猫头鹰，却长着红身子、白脑袋，蓄养它可以防御火灾。

窃脂生性好动，闲着的时候也不停地在树枝间跳腾，在树林中飞翔。它的性情胆小多疑，远远地瞥见人就马上逃离，听到声响立即躲藏。窃脂的叫声优美动听，而且非常洪亮，传闻极远。因为叫声洪亮动听，窃脂被古代很多养鸟爱好者饲养。窃脂比较容易训熟，经调教可以学会打弹、开箱取宝、翻飞，给人类送鲜花、糖果、钱和取钱等动作。

窃脂喜欢吃麻籽、葵花籽等油料作物的种子，因此有时候会去偷吃古代女性的脂膏，这也是它被叫作窃脂的原因。在古代窃脂也叫作桑扈，《诗经》里有一首《桑扈》，描写贵族们在宴饮的时候，窃脂一边上下翻飞，一边大声鸣唱，可见在那个时候窃脂已经是一种常见的宠物鸟了。

【图三】清·禽虫典

【图四】清·汪绂山海经存本

227

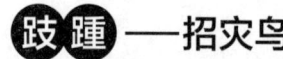—招灾鸟

《中山经》　　有鸟焉，其状如鸮，而一足彘尾，其名曰跂踵，见则其
　　　　　　　国大疫①。

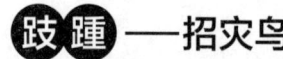

【图一】清·禽虫典

注释：

① 大疫：（发生）大瘟疫。

228

跂踵的传说

在勇石山西边二十里的地方，有一座复州山。复州山上生长着郁郁葱葱的檀（tán）树林，山的南面还有许多的黄金矿。在檀树林中栖息着一种怪鸟，其形状像一般的猫头鹰，却长着一只爪子和猪一样的尾巴，名称是跂踵，相传它在哪里出现，哪里就会发生大瘟疫。

跂踵其实就是后羿射杀的大风鸟的后裔。大风鸟是上古时期的一种鸷（zhì）鸟，经常为祸人间。大神后羿下凡，射杀九个太阳之后，想一鼓作气把凡间的恶禽猛兽全部除掉，大风鸟成了他的目标之一。大风鸟的样子很像孔雀，是凤鸟的一种，虽然来历不凡，却不干好事，去到哪里都会刮起暴风，吹倒人们的房屋居所，而且它飞行速度极快，又喜欢到处游荡，因此所到之处都遭受了风灾，百姓苦不堪言。

后羿知道这种鸟善飞，怕一箭射不死它，就想了一招，在箭尾系上一根用青丝做成的绳子，然后埋伏在林子里。等大风鸟飞来的时候，后羿一箭射去，正中当胸。大风鸟忍痛想飞走，被后羿拽住箭尾上的绳子拉到地面，砍成几段。大风鸟的后辈们听说它的事情，不敢提报仇的事情，全都夹着尾巴藏起来了。但是后羿死后，这些家伙就又出来闹事了，到处招灾惹祸。大风鸟的这些后裔就是跂踵鸟。幸好后来青耕鸟下凡来制约它们，才使它们没有造成更大的灾祸。

【图二】清·吴任臣图本

【图三】清·汪绂山海经存本

230

【图四】明·蒋应镐绘图本

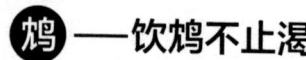

鸩——饮鸩不止渴

《中山经》　　女几之山，其上多玉，其下多黄金，其兽多豹、虎，多闾、麋、麖^①、麂（jǐ），其鸟多白鵁（jiāo），多翟，多鸩。

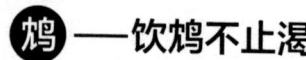

【图一】清·禽虫典

注释：

① 麖（jīng）：马鹿。

232

鸩的传说

女几山上盛产玉石，山下盛产黄金，山中的野兽以豹子和老虎最多，还有许许多多的山驴、麋鹿、马鹿、麂子，这里的禽鸟以白鵫最多，还有很多长尾巴野鸡以及鸩鸟。鸩是传说中的一种猛禽，比鹰大，鸣叫声大而凄厉，其羽毛有剧毒。

据说，鸩喜欢把巢筑在毒栗子树下。鸩的羽屑及污垢落下来，在毒栗子树下数十步内寸草不长，唯有毒栗子树不怕鸩毒。人畜吃了毒栗子会死，鸩却视其为美食。鸩除了吃毒栗子，也吃各种毒物。山林内的有毒之物，只要被鸩看见了，一定逃不出它的口腹。也正是由于食用了这些毒物，所以鸩才聚集了这么剧烈的毒素。鸩经常在水中洗浴，洗完之后水就成毒药了，人要是不小心喝下去，马上就会中毒身亡。因此人们惧怕中毒而不敢轻易饮用山林之水。

鸩的剧毒，人们在很早之前就已学会利用了，《左传》中就有关于鸩酒的记载。用鸩鸟的羽毛划过酒，酒立即含有剧毒，就是鸩酒。鸩毒无色无味，毒性能够尽数溶解于酒中。据说人若喝下鸩酒，就会白眼朝天，身发寒战，面色骤变，然后就会很快身亡。

【图二】明·蒋应镐绘图本

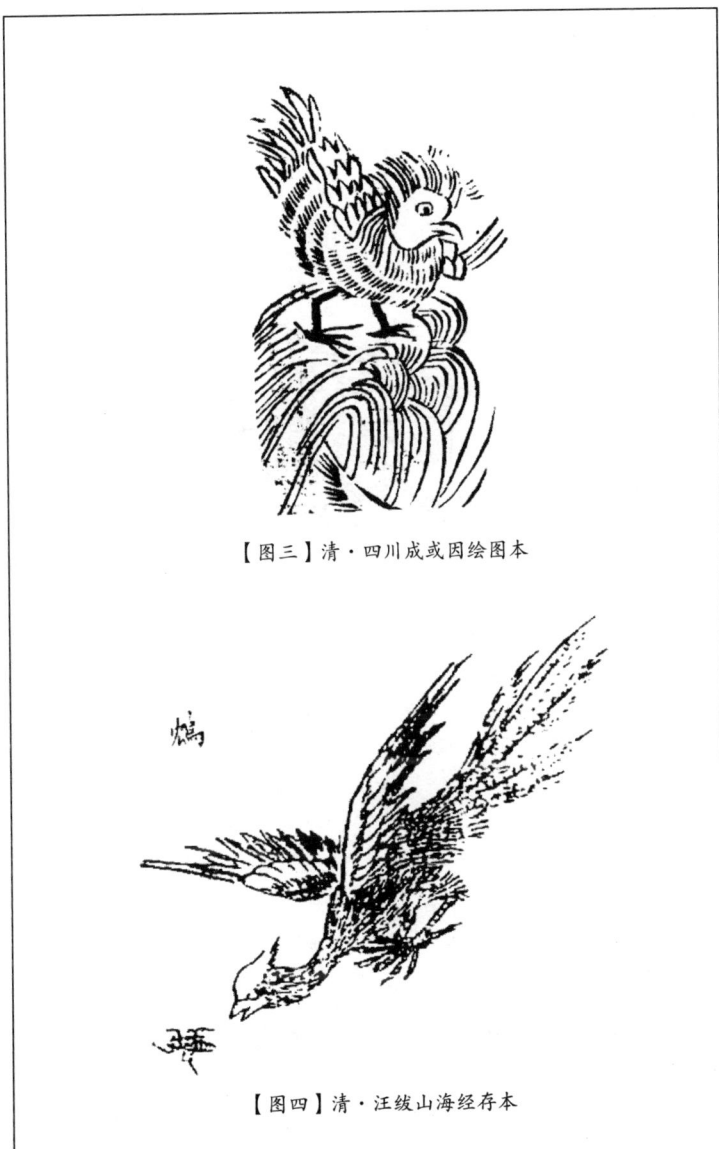

【图三】清·四川成或因绘图本

鸼

瑶

【图四】清·汪绂山海经存本

青耕——青身白喙鹊

《中山经》 有鸟焉，其状如鹊，青身白喙，白目白尾，名曰青耕，
可以御疫，其鸣自叫。

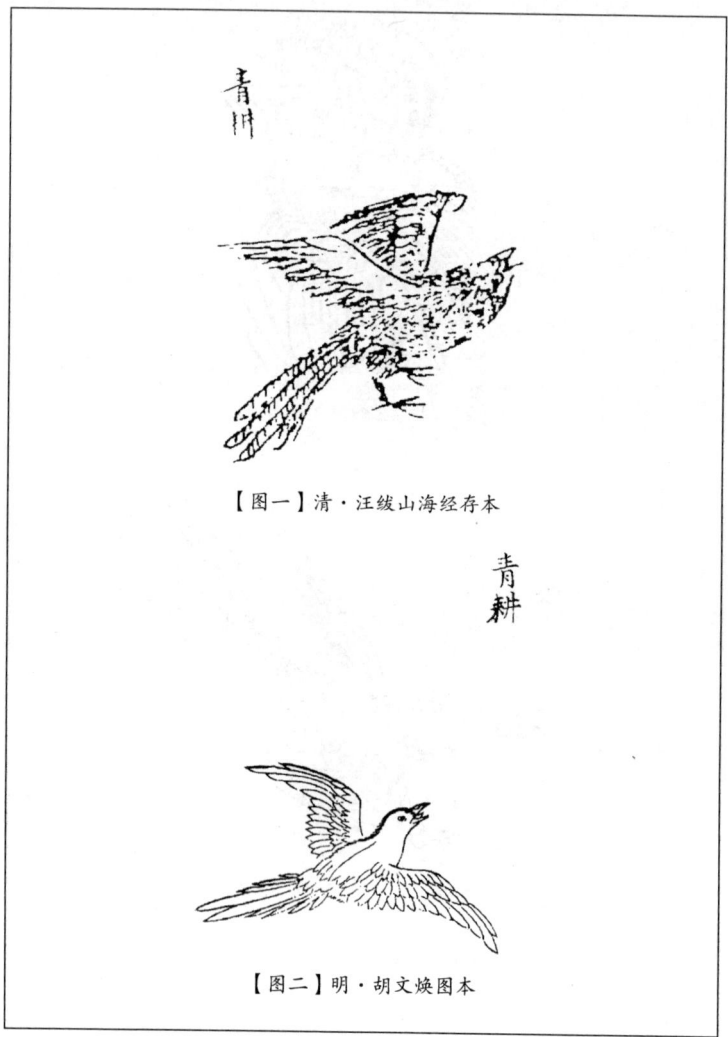

【图一】清·汪绂山海经存本

【图二】明·胡文焕图本

青耕的传说

　　堇（jǐn）理山中生活着一种禽鸟，形状像一般的喜鹊，长着青色的身子，嘴壳、眼睛、尾巴都是白色的，名字叫青耕，它的叫声便是自身名字的读音。人饲养它可以辟除瘟疫。青耕鸟其实就是喜鹊，现在民间视其为报喜的祥鸟，是由青耕"可以御疫"引申而来的。

　　传说喜鹊原是天宫的仙鸟，名叫鹊儿，是西王母的心腹。每年农历七月初七，牛郎织女相会时，便是鹊儿搭的桥。鹊儿不但负责搭桥，还有监视这两人的任务。有一年，牛郎织女又在鹊桥上相会，互诉衷肠，并诉说这一年的经历。牛郎对织女说："玉帝派大神下凡给人间撒了些草籽，大地处处绿茵，只是缺少花木，人间还不是很美。"这些话被鹊儿听到了，报告给了西王母，西王母想要压过玉帝一头，就让百花仙子给人间送去花籽，可西王母舍不得冬梅，再三叮嘱百花仙子：百花齐撒，独留梅花！从那时起，人间大地从春到秋百花盛开，唯独冬天没有花。

　　后来鹊儿觉得这样太可惜，就偷了一株梅树苗衔到人间。从此大地上就有了梅花。西王母发现此事，就把鹊儿贬下凡间。由于鹊儿有一些神力，也有驱散瘟疫的能力。从此以后，鹊儿就留在凡间了。由于它经常驱除瘟疫，带来喜讯，人们就称它为喜鹊。

鴳鵌——赤足乌

《中山经》　　有鸟焉，其状如乌而赤足，名曰鴳鵌（zhǐ tú），可以
御火。

【图一】清·禽虫典

䴕鹒的传说

丑阳山上覆盖着茂密的森林，林中的树木大多是椆（diāo）树和椐（jū）树。林中栖息着一种禽鸟，名字叫䴕鹒，其形状和一般的乌鸦类似，却长着火红色的爪子。它是一种吉鸟，人饲养它可以预防火灾。

䴕鹒其实也是上古传说中的神鸟商羊。据说每次久旱过后下雨之前，都会有一群美丽的鸟在天上出现，跳着优美的舞蹈，这种鸟就是传说中的商羊。多次之后，人们见商羊鸟出现，就知道要下雨了，于是家家户户挖沟开渠、疏通水路，为灌溉良田做好准备。

在春秋时期，有一次齐国的国君正在上朝，和大臣们商议朝中大事，突然飞来一只鸟，在大殿上跳舞，久久不肯离去。国君非常奇怪，就问大臣们这是什么鸟，但是没有一个人知道。国君听说鲁国有个人叫作孔丘，人们都尊称他为孔子，是一个非常博学的人，于是就特意派了一个使者去问孔子。孔子问清楚这只鸟长什么样之后，就对使者说："这就是传说中的吉鸟商羊。每次商羊出现，都会伴随着大雨，这次商羊特意到齐国大殿上跳舞，是在警告齐国，让你们做好准备。"过了不久，齐国果然下了很大的雨，但是由于齐国上下已经做好了准备，并没有造成很大的损失。

鴲鶋

【图二】明·胡文焕图本

駅餘

【图三】清·汪绂山海经存本

翳鸟——遮天蔽日

《海内经》　　有五采之鸟，飞蔽一乡①，名曰翳（yì）鸟。

【图一】清·汪绂山海经存本

注释：

① 飞蔽一乡：遮蔽一方的天空。

翳鸟的传说

在北海南岸，有座山叫作蛇山，蛇水从蛇山发源，向东流入大海。蛇山有一种鸟，长着五彩羽毛，成群飞起，能遮蔽很大一片天空，名叫翳鸟。

也有人说，翳鸟不是因为成群结队地飞才遮天蔽日的，而是这种鸟体型非常庞大，一只翳鸟把翅膀张开就可以遮盖方圆五里左右的天空。据说翳鸟之所以能够长这么大，是因为它是凤凰的后代，或者是凤凰的变异种群。但是翳鸟虽然获得了凤凰的华丽外表，却没有凤凰浴火重生的能力，是弱化版的凤凰。

据说翳鸟的眼睛是一种著名的珠宝，叫作翳珀（pò）。其实翳珀是一种琥珀，也是众多琥珀里最贵重的一种，特点是在正常光线下是黑色的，在强光照射下则呈现出醉人的红色。翳珀是定情信物的一种。

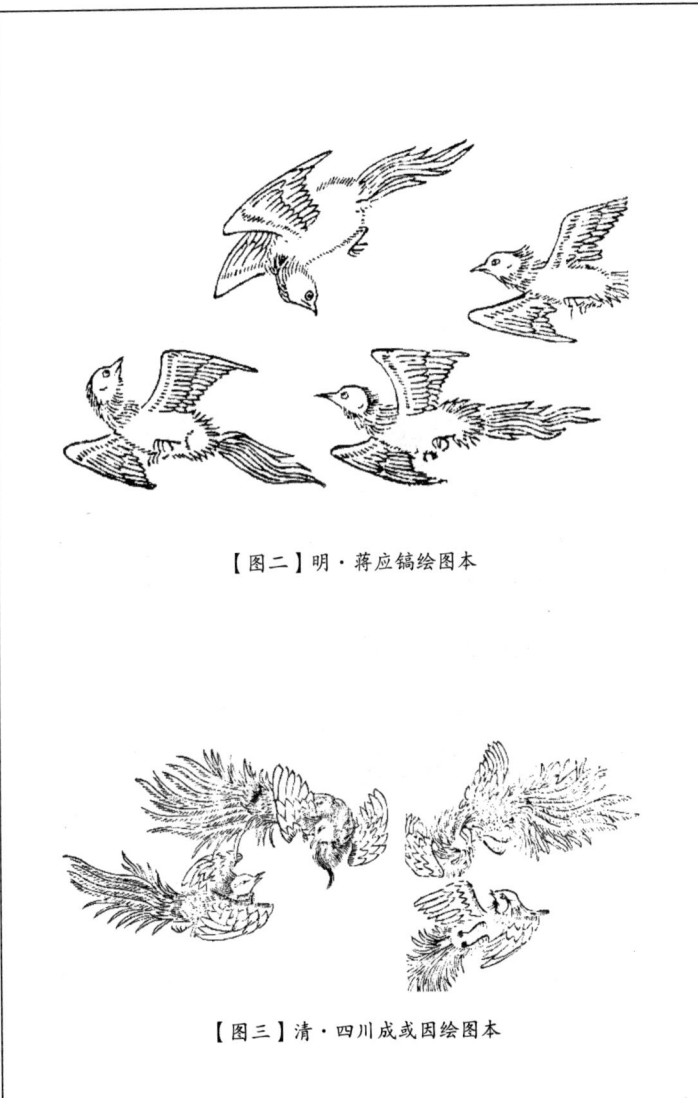

【图二】明·蒋应镐绘图本

【图三】清·四川成或因绘图本

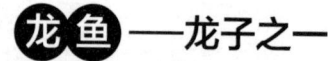 **龙 鱼**——龙子之一

《海外西经》　　龙鱼陵居①在其北，状如狸②。

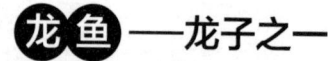

【图一】清·禽虫典

注释:

① 陵居: 这里指既可水居也可陆居, 即水陆两栖。

② 狸: 同"鲤", 鲤鱼的意思。

龙鱼的传说

　　黄帝建都的地方，在轩辕之丘。这个轩辕丘呈方形，被四条大蛇相互环绕着。轩辕丘的北面，就是传说中的沃野。沃野就像传说中的仙境，鸾鸟在这里自由自在地歌唱，凤鸟在这里无拘无束地舞蹈。凤凰生下的蛋，那里的居民食用；苍天降下的甘露，那里的居民饮用；凡是居民们想要的，都能随心如意。那里的各种野兽与人一起居住，主要有熊、罴、貔（pí）、貅（xiū）、貙（chū）、虎这六种野兽。

　　在沃野的北边，有一条龙鱼，曾经是黄帝的坐骑。龙鱼既可以在水中居住，又可在山陵居住，黄帝曾经骑着它遨游沃野。有人说，龙鱼其实就是龙生九子之一的螭（chī）吻。螭吻的形状像四脚蛇剪去了尾巴，是鱼和龙的结合，喜欢在险要处东张西望，也喜欢吞火。

　　螭吻最开始的名字是蚩尾，意思是蚩的尾巴，也是这位龙子的本来形象。蚩是住在遥远海域中的一种巨兽，它稍微一动弹就能激起浪涛，那阵势就像有谁生生把整个大海搅动起来一样。螭吻的形状就像是这种巨兽蚩的尾巴，因此得名。由于蚩的尾巴又和鸱鸟的尾巴很像，因此螭吻又有一个名字，叫作鸱尾。

　　汉武帝修建章宫时，有人提议把鸱尾安放到屋脊，可以消除火灾。从此之后，宫殿建筑的屋脊上都用鸱尾来装饰。后来鸱尾的形状逐渐演变，由大尾巴、小脑袋变为小尾巴、大脑袋，名字也就由"鸱尾"变为"螭吻"了。

龍魚

【图二】清·汪绂山海经存本